Adventszauber in Sachsen

Dietmar Sehn

Adventszauber in Sachsen

Die 50 schönsten Weihnachtsmärkte und Ausflugsziele

SUTTON FREIZEIT

Inhaltsverzeichnis

Vorwort

Das Erzgebirge wird oft als Weihnachtsland und Dresden als sächsische Weihnachtshauptstadt bezeichnet. Und da Weihnachten nicht erst an Heiligabend beginnt, funkeln schon im Advent Lichterketten, stehen Schwibbogen im Fenster und drehen sich Pyramiden auf vielen Märkten, in den Vorgärten und den Wohnstuben des Sachsenlandes. Am ersten Advent werden Räuchermänner, Nussknacker und Engelsfiguren aufgestellt. Advent in Sachsen – da ziehen Tausende Menschen zum Striezelmarkt nach Dresden und zu den Bergaufzügen ins Erzgebirge. Advent in Sachsen – das sind Adventsterne aus der Oberlausitz, der Pflaumentoffel, Mettenschichten und Hutzenabende.

Mit viel Freude habe ich dieses neue Buch geschrieben, in dem ich mich nach „Weihnachten in Sachsen", „Weihnachten in der Oberlausitz" und „Weihnachten im Erzgebirge" diesmal dem Advent widme – dieser magischen Zeit vor Weihnachten, in der man sich in dem ganzen Stress oft viel zu wenig Zeit für die schönen Dinge nimmt. Dabei gibt es gerade dann zahlreiche Angebote für die ganze Familie, die es zu entdecken gilt. Ich hoffe, Ihnen mit diesem Buch ein paar Anregungen für eine unvergessliche Adventszeit zu geben, die Sie vielleicht noch nicht kennen.

Ich wünsche Ihnen einen erlebnisreichen Advent und fröhliche Weihnachten!

Herzlich
Dietmar Sehn

1 Gänsemärkte in Königswartha und Wermsdorf

Landauf, landab genießen Feinschmecker ab November wieder Gänsekeule oder -brust mit Rotkohl und Klößen. Zahlreiche Lokale werben schon Wochen vorher mit einem delikaten Gänseschmaus. Nach altem Brauch galt der Martinstag am 11. November als Winterbeginn. Pfarrer, Lehrer und Verwandte erhielten als Dank für ihre Arbeit eine lebende Gans. Mägde und Knechte bekamen zum Ende der Erntezeit ebenfalls Federvieh geschenkt. Letztendlich landeten die Gänse auf den Tellern. Mit Martini begann auch die vorweihnachtliche Fastenzeit. Um die Seele zu reinigen, war fettiges Essen tabu. Bei den Germanen galt die Gans als Symbol der ehelichen Treue. Das wohlschmeckende Fleisch wurde erst später als Weihnachtsbraten berühmt und beliebt.

Zwei Städte in Sachsen tragen den Namen Gänsestädtchen: Königswartha in der Oberlausitz, zwischen Bautzen und Hoyerswerda gelegen, und Wermsdorf/Mutzschen zwischen Grimma und Wurzen. Die Gänsezucht hat die Orte bekannt gemacht. Schon zu DDR-Zeiten waren die Farmen eine gute Adresse. Nach der Wende übernahm die Firma Eskildsen die Betriebe, deren Herz für die Gans und alles, was dazugehört, schlägt: artgerechte Haltung und naturnahe Aufzucht in bäuerlicher Freilandhaltung. Das Jahr über ist das Federvieh in der freien Natur und frisst genüsslich Kräuter und Gräser von der Wiese. Die sächsischen Gänse entstammen einer alten Rasse, haben mehr Fleisch und weniger Fett auf den Rippen.

Sowohl in Königswartha als auch in Wermsdorf ist vom 1. November bis zum 22. Dezember Gänsemarkt. Mehrere Verkaufsstände bieten neben Weihnachtsschmuck auch Gänsefett, Gänsebratwurst und Gänseklein an. In der Daunenstube Wermsdorf kann man die Verarbeitung der Gänsefedern zu Kissen und Bettdecken beobachten. Man sieht, wie eine Windmaschine die Daunen von den Federn trennt. Die fertigen Produkte können direkt in der Daunenstube oder im Online-Shop erworben werden. Im „Gänsestall 15“ genießt man dann einen leckeren Gänsebraten. Die Gänse werden hier nicht mit heißem Wasser gebrüht, sondern

bei ihnen kommt das aufwendige Trockenrupfen zur Anwendung. Jede geschlachtete Gans wird einzeln vom Federkleid befreit. Brust oder Keule schmecken dann besonders vorzüglich. An Ort und Stelle kann man natürlich auch eine Gans kaufen – Vorbestellung empfohlen.

Auf dem Wermsdorfer Gänsemarkt kann man zudem diverse Veranstaltungen und Kabaretts erleben, wie die Herkuleskeule aus Dresden, die Pfeffermühle und die academixer aus Leipzig. Für die Kinder gibt es ein Kino, ein Karussell und vieles mehr. Und natürlich schaut auch der Weihnachtsmann vorbei. Und sogar heiraten kann man auf dem Gänsemarkt.

Gänsezucht Königswartha, Hermsdorfer Straße 41, 02699 Königswartha; Tel.: 035931 20239.
Gänsezucht Wermsdorf, Am Lindigt 1, 04668 Wermsdorf/Mutzschen; Tel.: 0343648820; www.eskildsen.de
Gänsemarkt ist sowohl in Königswartha als auch in Wermsdorf/Mutzschen vom 1. November bis zum 22. Dezember.

2 Besuch im Bergdorf Maxen

Schon Märchendichter Hans Christian Andersen schwärmte bei seinem Besuch um 1841: „Des Herzens Sonnenschein, er strahlt am schönsten doch in Maxen". Auch Robert und Clara Schumann, Ludwig Tieck und später Skispringer Jens Weißflog oder Liedermacher Gerhard Schöne genossen das kleine, aufgeschlossene Kulturdorf.

Im Bergdorf Maxen, oberhalb des romantischen Müglitztales und 15 Kilometer von Dresden entfernt gelegen, bietet der Gasthof seit Jahren ein gutes Truthahnessen an. In Amerika gehört das an Thanksgiving zum obligatorischen Familientreffen. Der vierte Donnerstag im November ist dort ein offizieller Feiertag und markiert den Auftakt zur Weihnachtszeit. In Maxen nimmt der Küchenchef Gert Richter, bekannt für seine gutbürgerliche Küche und spezielle Angebote, diese Tradition ins Programm auf und läutet Weihnachten auf ungewöhnliche Weise ein. Er bevorzugt für das Gericht eine Kastanienfüllung mit Süßkartoffeln und Möhrengemüse. Richter kommt an die Tische, um den Truthahn zu tranchieren, die Zubereitung zu erläutern und interessante Geschichten rund um dieses Fest zu erzählen – für die Gäste ein Highlight. Und so kommen hier in der letzten Novemberwoche über 50 Truthähne auf den Tisch.

Nach dem Essen empfehlen sich ein Rundgang durch den Ort und ein Abstecher ins weihnachtliche Heimatmuseum oder in den ehemals königlich-sächsischen Marmorbruch. Dieser Marmor war so kostbar, dass nur der Kurfürst ihn für seine Bauten verwenden durfte, wie für den Dresdner Zwinger oder das Moritzburger Schloss.

Der Verdauungsspaziergang schafft Platz für Kaffee und Kuchen. Der Gasthof bietet Stollen aus der hiesigen Bäckerei Schietzold an, die seit 1862 für gut schmeckende Brote bekannt ist. Obwohl die Schietzolds ihre preisgekrönten Stollen und Baumkuchen auf keinem Weihnachtsmarkt verkaufen, haben sie schon viele Ehrungen eingeheimst. Die echten Maxener Christstollen wurden mehrfach mit Goldmedaillen von der Bäckerinnung Pirna ausgezeichnet. Die Bestellungen dafür kommen sogar aus Argentinien. Dorthin hat es eine

Maxener Familie verschlagen – aber ohne Maxener Stollen kann man schließlich schlecht Weihnachten feiern.

Gasthof und Bäckerei verdienen zu Recht das Lob, zu den besten Ausflugslokalen und Bäckereien in der Umgebung von Dresden zu gehören.

Gasthof Maxen & Pension, Maxener Str. 69B, 01809 Müglitztal; Tel.: 035206 39999; www.gasthof-maxen.de
Öffnungszeiten: täglich von 11–22 Uhr.
Bäckerei & Konditorei Schietzold, Maxener Str. 34, 01809 Müglitztal; Tel.: 035206 21398; www.baeckerei-schietzold.de
Öffnungszeiten: Di–Fr 5.30–18 Uhr, Sa 5.30–11 Uhr.

3 Das Christkind von Schleife

Schleife zählt zu den besonderen deutsch-sorbischen Dörfern, die in der Adventszeit zahlreiche einmalige Bräuche pflegen. In sorbische Dörfer kommt nicht nur der Weihnachtsmann, sondern auch das Christkind, das Slěpjańske dźěćetko. Im Schleifer Kirchspiel hat jedes der sieben Dörfer der Trachtenregion sein eigenes Christkind.

Am ersten Advent wird das Schleifer Christkind in der evangelischen Kirche eingesegnet und besucht Kindergärten, Schulen und Senioren. Es trägt Handschuhe und sein Gesicht wird mit weißer Spitze verschleiert, damit es nicht erkannt wird. Traditionell wurde der Schleier als Schutz vor bösen Einflüssen und aus Ehrfurcht vor dem Göttlichen aufgesetzt. Das Christkind streichelt den Kindern mit dem Handrücken über die Wange und den Erwachsenen legt es die Lebensrute, eine aus Birkenzweigen gebundene Rute, auf die linke Schulter, was Gesundheit und Glück bringen soll. Unter dem Schleier verbirgt sich eine Konfirmandin, für die es eine besondere Auszeichnung ist, Christkind zu sein.

Zwei Mädchen in winterlicher Ausgangstracht begleiten das Christkind. Eines trägt einen Korb mit den Geschenken, das andere eine Laterne. Sie kennen das Christkind natürlich, aber schweigen darüber, wer sich dahinter verbirgt. Die Christkinder verteilen kleine Geschenke wie Nüsse, Äpfel und Pfefferkuchen, allerdings nur in ihrem Ortsteil, denn die Ortsgrenze, so der Brauch, darf nicht überschritten werden. Die Christkinder aus Schleife und dem Kirchspiel tragen einen aufwendigen Kopfschmuck sowie Schleifen und Bänder, die sich in der Anzahl unterscheiden. Ein Symbol für das Schleifer Christkind ist die blaue Schleife. Das Einkleiden dauert Stunden, bevor die Einsegnung stattfinden kann. Die Ankleideordnung wurde immer mündlich weitergegeben.

Am zweiten Adventssonntag findet ein Weihnachtsmarkt rund um die Kirche und das Sorbische Kulturzentrum statt. Dort kann man neben einer Puppensammlung auch die verschiedenen Trachten der Christkinder bewundern. Es lohnt sich, sorbische Weihnachten zu erleben. Auf Wunsch werden Gäste mit Brot und Salz begrüßt.

Sorbisches Kulturzentrum Schleife, Friedensstraße 65, 02959 Schleife;
Tel.: 035773 77230; www.sorbisches-kulturzentrum.de
Öffnungszeiten: Di–Fr 10–17 Uhr, So 13–17 Uhr.
Eintritt: 1 €, für Kinder frei.

4

Pyramidenzug in der Cunewalder Kirche

Die Cunewalder Kirche ist mit 2.632 Plätzen nicht nur zweifelsfrei die größte evangelische Dorfkirche Deutschlands, sondern hat an Heiligabend auch ein ganz besonderes Ereignis zu bieten: den Pyramidenzug. 1817 sollen erstmals zu Heiligabend Konfirmanden mit dreistöckigen Lichterpyramiden in die Kirche eingezogen sein, die das Gotteshaus hell erstrahlen ließen. Die Kirchgänger waren begeistert und dieser Pyramidenzug wurde nunmehr Jahr für Jahr wiederholt. Die Pyramiden bestehen – anders als im Erzgebirge – aus gedrechseltem Lindenholz und haben keine Flügel, die Kugeln sind aus böhmischem Glas. Einst trugen 200 Konfirmanden die Pyramiden nach der Predigt durch das Kirchentor, heute sind es nur noch 35 Jugendliche.

Am Vormittag findet eine Probe statt, damit alles problemlos vonstattengeht. Um 17 Uhr beginnt der Gottesdienst. Statt des üblichen Krippenspiels warten die Besucher dann auf die Ankunft der Jugendlichen. Die Streichhölzer werden entfacht und alle Kerzen angezündet. Für den Notfall stehen Feuerwehrleute mit nassen Decken bereit. Die Gemeinde singt: „Vom Himmel hoch, da komm ich her." Die Pyramidenträger stellen sich vor dem Altar auf. Die Kerzen vereinen sich zu einem beeindruckenden Lichtermeer. Nach einer knappen halben Stunde verlassen die Jugendlichen die Kirche wieder. Gesungen wird dann: „Oh, du fröhliche".

Dorfkirche Cunewalde, Kirchweg 8–14, 02733 Cunewalde;
Tel.: 03587727431; www.cunewalde-pfarramt.de
Beginn Christnacht: Heiligabend um 17 Uhr

5 Acht Pfefferküchlereien und eine Lebkuchenfabrik in Pulsnitz

Weithin bekannt ist Pulsnitz als Pfefferkuchenhauptstadt. Acht Pfefferküchler-Meisterbetriebe und die Lebkuchenfabrik Frenzel sind hier beheimatet. Jeder backt nach eigenen geheimen Rezepten, sodass die Pfefferkuchen bei einem ähnlichen Fertigungsprozess überall anders gut schmecken. Der braune schwere Teig aus Mehl, Sirup und Honig wird mehrere Wochen in Eichenfässern gelagert. Durch den Reifeprozess entsteht eine Backware mit lockerer Struktur, aromatischem Geschmack und langer Haltbarkeit. Beim Backprozess kommen Gewürze dazu, die ehemals als Pfeffer bezeichnet wurden, daher stammt der Begriff Pefferkuchen.

Die Lebkuchenfabrik hat tatsächlich den typischen Charakter einer Fabrik, den die kleineren Pfefferküchlereien hingegen nicht aufweisen, denn ihre Produkte sind vorwiegend handgefertigt. Und dieses Handwerk will gelernt sein. Die Ausbildung zum Pfefferküchler dauert drei Jahre, meist wird sie an eine Bäckerlehre angeschlossen. Die frisch „gebackenen“ Lehrlinge übernehmen häufig als Nachfolger das über Generationen währende Familienunternehmen.

Die Lebkuchenfabrik in Pulsnitz wurde bereits 1884 gegründet, später erfreuten sich die Pfefferkuchen unter dem Namen „Eri“ einer riesigen Nachfrage. 1936 lag der Umsatz bei 78.000 Reichsmark, 30 Jahre später wurden über 900 Tonnen Gebäck hergestellt. Der Betrieb, zu DDR-Zeiten verstaatlicht, trug den Namen „VEB Dauerbackwaren“. Nach der Wende bot die Treuhand den Betrieb zum Verkauf an und der technische Leiter Dieter Frenzel führte den Familienbetrieb erfolgreich weiter, heute hat seine Tochter Ines die Leitung inne. Jährlich verlassen etwa 1.000 Tonnen Gebäck die Fabrik in der Feldstraße.

Zu den Jahreshöhepunkten zählt natürlich der Pfefferkuchenmarkt am ersten Wochenende im November. Der süße Markt ist einzigartig in Deutschland und lockt Kunden aus nah und fern mit seinen süßen Köstlichkeiten an. Die Lebkuchenfabrik ist natürlich ebenfalls mit einem Stand vertreten und lädt dann zudem immer zum „Tag der offenen Tür“ auf das Betriebsgelände ein. In Scharen strömen die in

Kauflaune versetzten Leute heran, um zu schauen, zu kosten und Pfefferkuchen selbst zu verzieren, was vor allem bei Kindern beliebt ist. Süßer Zuckerguss kleckert auf die Rohlinge, anschließend ziehen die Kinder mit dem kleinen Kunstwerk heimwärts. Im hauseigenen Laden gibt es gefüllte und ungefüllte Spitzen, mit Schokolade und Zuckerguss überzogene Pfefferkuchen mit Mandeln oder Nüssen und Kokosmakronen. Wem läuft da nicht das Wasser im Mund zusammen?

Und was ist nun eigentlich der Unterschied zwischen Pfeffer- und Lebkuchen? Die alte Zunft der Pfefferküchler sagt: „Wir backen Pfeffer- und keine Lebkuchen, weil das in Pulsnitz so Brauch ist." Das Frenzel-Team räumt ein: „Der Name ‚Lebkuchen' ist weit verbreitet und lässt sich besser vermarkten!"

„Pfefferkuchen – das ist wie ein Klang aus glücklicher Kinderzeit, ein Gruß vom Christmarkt. Das ist, ein kindliches Stück Heimat, wo Deutschland am schmackhaftesten ist."
Heimatdichter Kurt Arnold Findeisen

Pulsnitzer Lebkuchenfabrik GmbH, Feldstraße 15, 01896 Pulsnitz; Tel.: 035955 4640; www.pulsnitzer-lebkuchen.de

Die Lebkuchenfabrik Frenzel bietet nach Anmeldung Führungen an, im Café genießt man vorzügliche Pfefferkuchen und natürlich eine Tasse Kaffee. Am ersten Wochenende im November ist „Tag der offenen Tür".

6 Alte Pfefferküchlerei in Weißenberg

Die Oberlausitz macht ihrem Namen als Pfefferkuchenland alle Ehre. Am Pilgerweg am Weißenberger Markt steht ein altes Fachwerkhaus, in dem die Familie Opitz bereits 1684 die beliebten Pfefferkuchen buk. Viele, viele dieser Köstlichkeiten wurden dort bis zum Jahre 1937 zubereitet, wie Urkunden belegen. Früher wurden Pfefferkuchen übrigens das Jahr über gebacken, verkauft und gegessen. Vier Jahre später wurde aus der „Alten Pfefferküchlerei" ein Museum. Nach dem Krieg diente das alte Haus zunächst zu Wohnzwecken, später wurde es renoviert und restauriert und 1961 als Technisches Museum und Denkmal der Produktionsgeschichte eröffnet. Die Nachwelt sollte einen Einblick in die Arbeits-, Lebens- und Wohnverhältnisse der Pfefferküchler erhalten.

Im Verkaufsraum sind allerlei Souvenirs zu erwerben. Viele Pfefferkuchenherzen ziert ein Spruch wie: „Für Geld und gute Ware gibt es Pfefferkuchen jeder Sorte. Dieser Kuchen schmecke dir wie ein süßer Kuss von mir."

Im Backhaus steht ein drei Meter tiefer, massiver Ofen, bei dem die röhrenförmigen, waagerechten Züge eine gleichbleibende Hitze sicherten. Nebenan befindet sich die Küche. Alle ausgestellten Geräte sind Originale, allerdings sind sie nicht so alt wie das Backhaus. Dazu gehören Holzmodeln, Teighölzer, Quirle, Bottiche, der Butterstampfer und die Quarkpresse. Auffallend sind die Gewürzmühlen. Gewürze wurden in kleinen Apothekerflaschen aufbewahrt – Kardamom, Koriander, Ingwer, Vanille, Zimt, Fenchel, Nelken ... Neun Gewürze müssen es sein, dann schmeckt der Pfefferkuchen, ach wie fein! Apropos Gewürze. Die Pfefferküchler gaben und geben ihre geheime Gewürzmischung nicht preis. Pfeffer kommt allerdings keinesfalls in die Pfefferkuchen. Pfeffer war im Mittelalter der Sammelbegriff für alle Gewürze.

Museum „Alte Pfefferküchlerei", August-Bebel-Platz 3, 02627 Weißenberg; Tel.: 035876 40429.

Öffnungszeiten: Di–Fr 9–16 Uhr, Sa–So 13–17 Uhr.

Eintritt: 2,50 €, Kinder 1,50 €.

7 Weihnachtskerzen aus Ebersbach

Bereits im Frühjahr beginnt in der Eberswalder Kerzenfabrik für 25 Werktätige die Produktion für das Weihnachtsgeschäft. Das Sortiment umfasst mehr als 100 verschiedene Kerzensorten, teils maschinell, teils in reiner Handarbeit hergestellt. Die Palette reicht von der normalen Standardkerze über Kugelkerzen und Rosenduftkerzen bis hin zu verzierten und lackierten Kerzen mit Weihnachtsmotiven. Das kleinste Exemplar ist gerade einmal fünf Zentimeter lang und hat einen Durchmesser von nur einem Zentimeter, das sogenannte Puppenlicht, das nur wenige Minuten brennt. Die größte Kerze misst 30 Zentimeter, ihr Durchmesser beträgt zehn Zentimeter und sie wiegt zwei Kilogramm. Sie brennt mehrere Tage und Nächte.

Um eine Kerze in reiner Handarbeit einschließlich Verpackung herzustellen, braucht man mindestens eine Viertelstunde, maschinell produzierte Kerzen sind in unter einer Minute fertig. Im Herbst, wenn die Hochsaison für Weihnachtskerzen beginnt, werden daher zusätzlich 25 Saisonarbeiter angestellt.

Kerzen aus Ebersbach brennen nicht nur in den deutschen Stuben, sondern auch in England und Österreich. Sie sind an Weihnachtskränzen, Weihnachtsbäumen und Pyramiden zu finden und sorgen für eine behagliche und beruhigende Stimmung. Erwerben kann man die Kerzen beispielsweise im Werksverkauf in Ebersbach.

EWA-Kerzen, Hofeweg 12/13, 02730 Ebersbach-Neugersdorf;
Tel.: 03586 7820; www.ewakerzen.de
Öffnungszeiten: Feb.–Sept. Mo, Mi 10–18 Uhr; Okt.–Jan. Mo–Fr 10–18 Uhr, Sa 9–12 Uhr.

8 Großröhrsdorfer Märchenwelt

In der sächsischen Stadt Großröhrsdorf verwandelt sich der Garten von Rüdiger Browatzke im Advent in eine zauberhafte Märchenwelt. Jedes Jahr gestaltet der Großröhrsdorfer ein anderes Märchen wie Aschenputtel, Schneewittchen, Hänsel und Gretel oder die Sterntaler.

Browatzke, von Beruf technischer Leiter bei der Stadt, bastelt alles selbst, seine Frau Katrin und andere Großröhrsdorfer malen die Figuren an. Vor dem Haus leuchten dann zudem Rentiere sowie Schnee- und Weihnachtsmänner.

„Die LED-Lichter zähle er nicht", sagt der Bastler, „fünf Euro kostet ein Tag von nachmittags vier bis abends um zehn. Das sind 3,5 Kilowattstunden Stromverbrauch für das Areal in der Adventszeit – diesen Spaß leisten wir uns gern."

Die warm-weißen Leuchten flackern und blinken nicht, nur die Figuren sind bunt. Die Idee stammt aus Amerika, aber ganz so verrückt wie dort wollten es Browatzkes nicht haben.

Im Sommer ist in der Freizeit Basteln und Umgestalten angesagt. Genau am 3. Oktober beginnt für die Familie eine besondere Zeit: Die Kisten werden hervorgeholt, ausgepackt und der Aufbau der Märchenwelt beginnt.

Bereits seit 15 Jahren besteht das Weihnachts-Winterhaus – ein Schmuckkästchen. Die Browatzkes freuen sich immer wieder auf die vielen neugierigen Besucher, die begeistert in den Garten schauen. Wer möchte, trinkt einen selbst gemachten Glühwein vom Märchenonkel.

Einen ganz anderen Zauber vermittelt das Heimatmuseum. Mehrere Großröhrsdorfer haben Spielzeug und weihnachtliche Dinge für die alljährliche Weihnachtsausstellung zur Verfügung gestellt. Ein überlebensgroßer Pflaumentoffel, ebenfalls von Einheimischen hergestellt, empfängt die Besucher im alten Umgebindehaus.

Im **Garten der Familie Browatzke**, Bandweberstraße, 01900 Großröhrsdorf, leuchten die LED-Lichter von 16 bis 22 Uhr.

Heimatmuseum, Mühlstraße 5, 01900 Großröhrsdorf; Tel.: 0172 5289752.

Öffnungszeiten: Juni–Okt. jeden 1. und 3. So 14–18 Uhr oder auf Nachfrage unter 0172 5289752 bzw. 035952 46153.

Eintritt: 2,50 €, Kinder bis 14 Jahre frei.

Advent, Advent,
ein Lichtlein brennt,
erst eins, dann zwei,
dann drei, dann vier,
dann steht das Christkind
vor der Tür.

9 Mit Volldampf durch den Advent – die Zittauer Schmalspurbahn

Die 1890 eingeweihte Zittauer Schmalspurbahn wird abgekürzt mit Z.O.J.E., was eigentlich für Zittau-Oybin-Jonsdorfer Eisenbahn-Gesellschaft steht, der Volksmund machte aus der Abkürzung jedoch „Zug ohne jegliche Eile", denn die Bimmelbahn zuckelt gemütlich und mit gemächlicher Geschwindigkeit durch die drei Orte. In den historischen Wagen der 750-mm-Schmalspurbahn und der Dampflok aus dem Jahr 1937 fühlt man sich in die Vergangenheit zurückversetzt. Rechts und links ziehen während der Fahrt das reizvolle Zittauer Gebirge mit seinen Sandsteinfelsen, Umgebindehäusern und romantischen Burgruinen vorbei.

Im Dezember starten die beliebten Adventsfahrten, bei denen Kaffee und Stollen im Speisewagen serviert werden – ein echtes Erlebnis, das Sie sich nicht entgehen lassen sollten. Vielleicht haben Sie ja sogar Glück und die Dampflok schnauft durch die verschneite Landschaft! Traditionell fährt am 6. Dezember der Nikolauszug und am 24. Dezember laden die Weihnachtszüge zur Mitfahrt ein.

Nostalgischer Charme kommt auch immer bei der Doppelanfahrt zweier Dampfzüge in Bertsdorf auf. Dort teilt sich die insgesamt 16 Kilometer lange Strecke und die Bahn zuckelt entweder in den Kurort Oybin oder in den Kurort Johnsdorf. Beim Aufenthalt in Bertsdorf gibt der Museumsbahnhof eine Rückschau in die Vergangenheit: So kann man einen Blick in das Empfangsgebäude, den Dienstraum und den Lokschuppen werfen. Am Oybiner Bahnhof dürfen kleine Eisenbahner auf dem Abenteuerspielplatz „Zwergenreich" herumtollen, den Wasserkran bedienen und im Stellwerk die Weichen stellen. Hier wurden im Maßstab 1:3 die Bahnhöfe Zittau und Bertsdorf, eine Lok und ein Treibwagen samt Beiwagen nachgebaut.

Lassen Sie das Auto stehen und genießen Sie eine weihnachtliche Fahrt mit dem „Zug ohne jegliche Eile"!

Zittauer Schmalspurbahn, Bahnhofstraße 41, 02763 Zittau; Tel.: 03583 540540; www.zittauer-schmalspurbahn.de

Öffnungszeiten: täglich von 8.30–13.30 Uhr.

Vorbestellungen unter: 0151 50525354.

10

Der Weihnachtsmann fährt durch die Muskauer Heide

Wer Kleinbahnen liebt, hat im Advent mehrere Möglichkeiten diese auf vorweihnachtliche Art zu nutzen: so z.B. auch die einzige Waldeisenbahn in Deutschland. Die kleine Bahn mit der Spurweite von 600 mm schnauft durch die dichten Wälder der Muskauer Heide. Am zweiten Adventswochenende begleitet der Weihnachtsmann die Gäste in der Bahn, die schon um 1895 durch das braunkohlereiche Gebiet fuhr, um Rohstoffe, Kohle, Sand und Lehm zu transportieren. 1940, so berichtet die Chronik, waren elf Dampf- und mehrere Dieselloks sowie über 500 Wagen im Einsatz.

Als die Stilllegung der Güterbahn drohte, taten sich Eisenbahnfreunde zusammen, um dieses Industriedenkmal zu erhalten. 1984 folgten erste Sonderfahrten auf der Tonbahn, acht Jahre später entstand die Waldeisenbahn. Mit viel Liebe und Herzblut gestaltete der Verein die historischen Dampfloks und frischte die Wagen auf. Ausgangspunkt des Bummelzuges ist die Glasstadt Weißwasser, ehemals ein Zentrum der Glasindustrie. Er zuckelt dann in Richtung der polnisch-deutschen Grenzstadt Bad Muskau, eine andere Strecke führt zum wunderschönen Park Kromlau mit der kunstvollen Rakotzbrücke aus Basalt.

Die Strecke von Weißwasser nach Kromlau und zurück ist also am zweiten Advent unser Ausflugsziel. Eine gemütliche Fahrt mit dem Weihnachtsmann steht auf dem Programm. Er steigt in Kromlau in Begleitung des Eichhörnchens „Wuschel“ und der Eule „Hedwig“ zu und beschenkt die Fahrgäste. Tickets müssen unbedingt vorbestellt werden. In Weißwasser laden der Weißbärtige und, nicht zu vergessen, der Stadtverein zum Weihnachtsmarkt ein. Es hat sich herumgesprochen, dass im ehemaligen Glas-Areal von Telux ein toller Markt stattfindet. Auf zwei Etagen bieten die Gewerbetreibenden ihre Produkte an, natürlich aus der Region.

Waldeisenbahn Muskau GmbH, Jahnstraße 5, 02943 Weißwasser/Oberlausitz;
Tel.: 03576 207472;
www.waldeisenbahn.de
Reservierungen: Tel.: 03576 207472; E-Mail: wem.gmbh@waldeisenbahn.de

11 Herrnhuter Sterne

Der Herrnhuter Stern gilt als der Ursprungsstern aller Weihnachtssterne; entstanden ist er in der Brüdergemeine zu Herrnhut in der Oberlausitz. Ein Geometrielehrer aus Niesky schuf die Grundlage dafür, gebastelt wurden die Sterne zunächst von Kindern.

Als Erfinder gilt jedoch der Niederländer Pieter Hendrik Verbeek (1863–1935). Der „Vater der Sterne", der für diese Erfindung das erste Patent erhielt, hatte einen künstlichen Stern mit 25 Zacken, vereint mit 17 viereckigen und acht dreieckigen Formen entworfen. 600.000 dieser Sterne fertigen die Sternemacherinnen jährlich per Hand. Das „Wunderwerk aus Papier" ist ein Symbol der Adventszeit und zudem ist es Tradition, einen solchen Stern an Weihnachten leuchten zu lassen.

Die Exportschlager aus Sachsen strahlen in den skandinavischen Ländern ebenso wie in Amerika und Kanada. Dort hängt der Stern das ganze Jahr über – als Gartendekoration. Nach Grönland gehen die Sterne bereits im September auf Reise. Danach, so der Bestellkunde, versinke das Land im Schnee und Pakete können nur noch vom Flieger abgeworfen werden. Herrnhuter Sterne leuchten unter anderem auf den Märkten in Görlitz, Dresden, Berlin und Hamburg. Sonderanfertigungen wünschten das Kanzleramt in Berlin und Schloss Schönbrunn in Wien.

Gleich neben der Sterne-Manufaktur entstand die Entdeckerwelt: Hier wartet ein Indoorspielplatz mit zahlreichen Spielgeräten auf die kleinen Gäste, die hier nach Lust und Laune herumtollen können. In der Bastelwerkstatt können Kinder individuelle Sterne gestalten. Außerdem kann man in der Schauwerkstatt den Profis bei der Herstellung der Sterne zuschauen.

Am Samstag vor dem ersten Advent findet der traditionelle Herrnhuter Weihnachtsmarkt auf dem Zinzendorfplatz statt. Er zählt somit zu denen, die mit am frühesten beginnen. Am ersten Adventssonntag kann man beim Basteln im Advent (nur mit Voranmeldung) einen gemütlichen Nachmittag bei Kaffee und Weihnachtsgebäck verbringen.

Herrnhuter Sterne GmbH – Manufaktur, Oderwitzer Str. 8, 02747 Herrnhut; Tel.: 035873 3640; www.herrnhuter-sterne.de

Öffnungszeiten Schauwerkstatt: Mo–Fr 9–18 Uhr, Sa 10–17 Uhr.

Führungen durch die Manufaktur ohne Voranmeldung: Do 11 Uhr, Sa 14 Uhr, ansonsten Anmeldung unter Tel.: 035873 3640; E-Mail: info@herrnhuter-sterne.de.

12 Weihnachtszauber auf Schloss Schönfeld

Deutschlands Zauberschloss Nummer eins befindet sich im Renaissanceschloss Schönfeld im Schönfelder Hochland. Das im 16. Jahrhundert erbaute und seitdem nahezu unverändert gebliebene Bauwerk bietet der Zauberkunst ein einmaliges Zuhause. Im Schloss, der „Wohnstube der europäischen Magie", erwartet das Publikum eine Fülle an Zauberei. Neben einer Ausstellung zur Geschichte der Zauberei beherbergt das alte Gemäuer mehrere zauberhafte Räume. Der „Salon Hofzinser" ist dem Wiener Zauberkünstler Johann Nepomuk Hofzinser (1806–1875) gewidmet. Der Wiener gilt als Vater der Salon- und Kartenmagier und verzauberte sein Publikum mit wunderbaren Kunststücken. Er täuschte die Leute auf rätselhafte Weise. Im „Kabinett der Magischen Kunst" und im „Kellergewölbe" sitzt das Publikum ganz nahe bei den Künstlern und erlebt deren Tricks aus allernächster Nähe. Doch zu flink und raffiniert sind die internationalen Magier, um ihnen auf die Schliche zu kommen.

Die Großveranstaltungen im „Großen Saal" (127 Plätze) sind nahezu immer ausverkauft. „Feixen im Advent" heißt eines der Programme, in dem Wortkünstler über Pflaumentoffel, Striezel und Schwipsbögen scherzen. Zu erleben sind die Weihnachtslaus, der Nikomann und ein schwankender Nussknacker.

Die unglaubliche Weihnachtsgeschichte „Holdadipolter Siebenstern & Sebastian" verzückt vor allem die kleinen Gäste. Nicht geeignet für Kinder unter 14 Jahren sind die „Traumsand-Geschichten", die die Zuhörer in ihren Bann ziehen. Das magische Programm „Verschneit & Zugeweihnachtet" unterhält mit weihnachtlichen Mogeleien. Lassen Sie sich eine Weihnachtsfeier im Zauberschloss also nicht entgehen!

Renaissanceschloß Schönfeld, Am Schloß 2, 01328 Dresden;
Tel.: 0351 2632628; www.daszauberschloss.de
Ticket-Bestellhotline: 0351 30708010.

13

„Gerlinde" dreht ihre Runden auf dem Pirnaer Weihnachtsmarkt

Die Echtdampflok „Gerlinde" begeistert die kleinen Gäste auf dem Pirnaer Weihnachtsmarkt, dem Canalettomarkt. Sie wird mit Steinkohle und Wasser betrieben und fährt wie eine große Lok, nur eben als Miniaturausgabe. Attraktion sind neben der Lok zwei Anhänger und die Schienen. Die Dampfeisenbahn füllt eine komplette Länge des Pirnaer Rathauses und wird vor ihrem Start auf dem Weihnachtsmarkt ordnungsgemäß geprüft und fein geputzt.

Und warum heißt die Miniaturlok nun „Gerlinde"? – Weil eine gute Bekannte der Betreiberfamilie diesen Namen trägt. Von März bis November dreht „Gerlinde" ihre Runden übrigens im Miniaturpark Sächsische Schweiz in Wehlen.

Beliebt ist auch das Kinderkarussell, betrieben von zwei jungen Leuten: Aline Großmann, Tochter des Dresdner Karussellkönigs, sowie Björn Reinhardt aus einer Zirkusfamilie. Das Schausteller- und das Zirkuskind fanden zusammen, privat und beruflich, und so ziehen sie nun gemeinsam übers Land. Im Advent bauen die beiden ihr Karussell auf dem Pirnaer Marktplatz auf. Den Rest des Jahres ist das Paar praktisch jedes Wochenende an einem anderen Ort – kreuz und quer von Görlitz bis Markkleeberg. Pirna ist für die Schaustellerfamilie sozusagen ein idealer Standort. Der Betriebshof des Unternehmens befindet sich in der Nachbarstadt Heidenau und ihr Wohnort Dippoldiswalde ist auch nicht weit. Björn, der gelernte Tischler, baut und repariert am Karussell vieles selbst. Aline kennt die Rummelwelt von Kindesbeinen und gehört nunmehr der sechsten Schaustellergeneration an.

Pirnaer Weihnachtsmarkt, bekannt als Canalettomarkt, Am Markt 11–12, 01796 Pirna;
Öffnungszeiten: Ende Nov.–Ende Dez. Mo–Mi 11–19 Uhr, Do, So 11–20 Uhr, Fr–Sa 11–21 Uhr; um 17 Uhr schaut der Weihnachtsmann auf der Marktbühne vorbei.

14

Sebnitz und sein Schattenspiel

Sebnitz ist nicht nur die Stadt der Kunstblumen, sondern auch des Schattenspiels und der Scherenschnitte. Die Sebnitzer Schattenspiele entstanden im 19. Jahrhundert als Weihnachtsvolkskunst, wurden jedoch – anders als die Pyramiden oder Schwibbogen aus dem Erzgebirge – nicht über die Grenzen der Region hinaus bekannt. Das Gerüst wird aus Holz, das Gehäuse aus Karton gefertigt, die Wände haben Öffnungen, die teilweise mit transparentem Papier verkleidet und mit Scherenschnitten verziert sind. Im Inneren dreht sich eine Trommel mit filigranen Scherenschnitten, die durch die aufsteigende Wärme einer Kerze durch ein oben angebrachtes Flügelrad angetrieben wird. So werden die bewegten Schatten an die Wände geworfen. Diese Häuschen, die einer Laterne ähneln, leuchteten in Sebnitz im Advent am Fenster wie die Schwibbogen im Erzgebirge.

1854 kam der Schriftsetzer Adolf Tannert (1839–1913) von Bad Schandau nach Sebnitz. Er war ein Meister des Scherenschnittes. Der Künstler schuf für die Schattenspielbauer Figurenstreifen und Bilderbogenfiguren, die an den Außenwänden der Trommel auf mehreren Etagen angebracht wurden. Die Schattenbilder stellten kleine Bildszenen, meist aus dem Alltag, und weihnachtliche Motive dar. Tannert arbeitete auf Bestellung, er erhielt viele Anfragen und Aufträge.

Inzwischen gibt es nur noch wenige Exemplare der Sebnitzer Schattenspiele. Sie sind Unikate aus echter Handarbeit.

Sebnitzer Schattenspiele, Siedlung 7, 01855 Sebnitz; Tel.: 035971 809587; www.sebnitzer-schattenspiele.de
Öffnungszeiten: nach Vereinbarung von Mo–Sa 9–18 Uhr.
Kunstblumen- und Heimatmuseum „Prof. Alfred Meiche", Hertigswalder Str. 12–14, 01855 Sebnitz; Tel.: 035971 80730; www.staedtische-sammlungen-sebnitz.de
Öffnungszeiten: Di–So 10–17 Uhr.

15 Christrosen im Landschloss Pirna-Zuschendorf

Das Landschloss Zuschendorf bei Pirna wird auch die „grüne Schatzkammer Sachsens" genannt, denn hier befinden sich auf einer Parkfläche von sechs Hektar und einer Glashausfläche von 1.800 Quadratmetern einzigartige Sammlungen von Zierpflanzen wie Kamelien, Azaleen und Rhododendren, die sogar unter Denkmalschutz stehen.

Alle zwei Jahre findet hier eine einzigartige Weihnachtsausstellung statt. Auf drei Etagen sind dann die Schätze der sächsischen Weihnachtszeit zu bewundern: Puppen, Teddys, Engel, Bergmänner, sogar Reitpferde und Pflaumentoffel. Auch ein Rummelplatz mit Riesenrad und mehreren Karussells wird geboten.

Der nächste Termin ist 2020 – Vorfreude ist ja bekanntlich die schönste Freude. Dann stehen die Lichterhäuser aus dem Erzgebirge im Mittelpunkt. Die ältesten entstanden um 1890. Damals arbeitete man mit einem scharfen Schnittmesser, Lineal und Winkel, um die Fassaden aus den großen Pappen auszuschneiden. Anschließend war Augenmaß notwendig, um mit speziellen Schlageisen die Öffnungen der Fenster und Türen aus der Pappe zu stanzen. Heute werden Bandstahlschnitte zum Stanzen und CAD-Zeichnungen zum Lasern verwendet. Geschickte Hände fügen die Teile zum Lichterhaus zusammen. Auch der 3D-Drucker hat Einzug gehalten und ersetzt schwierig herzustellende Holzteile für die Einzelanfertigung. Diese Herstellungsart von Kirchen und Häusern aus Pappe ist einmalig.

Umrahmt wird die Weihnachtsausstellung von Christrosen in verschiedenen Formen und Farben. Die Christrose, auch Schneerose oder Rose des Winters genannt, ist eine sagenumwobene Blume. Einer Legende zufolge soll ein armer Hirte aus Bethlehem das neugeborene Jesuskind im Winter besucht haben. Er fand aber keine Blume als Geschenk. Der Hirte war deshalb traurig und weinte. Aus seinen Tränen wuchs plötzlich eine Blume mit schneeweißen Blüten – die Christrose. Überglücklich pflückte der Hirte sie und brachte sie dem Christkind.

Die Christrose blüht im Dezember, wenn alles um sie herum im Winterschlaf ruht. Deshalb ist sie auch als „Hüterin des Lebens" bekannt.

Landschloss Pirna-Zuschendorf, Am Landschloss 6, 01796 Pirna;
kamelienschloss.de
Weihnachtsausstellung: Ende Nov.–Mitte Dez.

16

Schlossweihnacht Weesenstein

Wenn sich das Jahr dem Ende neigt, die Nächte länger werden, beginnt im Advent wohl die schönste Zeit des Jahres. Besonders märchenhaft erschienen dann auch die geheimnisvollen Schlösser wie Schloss Weesenstein. Der Abenteuerschriftsteller Karl May (1842–1912) beschrieb Weesenstein wie folgt: „Das Schloss ragt von einem hohen Granitfelsen so hoch empor, dass oft die Wolken um seine Zinnen streichen. Das Schloss hatte seinen Namen von dem Felsen erhalten, auf welchem es lag."

Weesenstein wartet mit fürstlichen Räumen, geschmückt mit Goldledertapeten stolzer Adelsgeschlechter, auf. Deshalb trägt das Schloss auch den Namen Tapetenschloss.

Immer am ersten Adventswochenende findet im romantischen Ambiente der festlich beleuchteten Schlosshöfe die beliebte Schlossweihnacht mit kleinem Markttreiben statt. Auf die Gäste warten zahlreiche Veranstaltungen wie Konzerte in der Schlosskapelle oder Schlossführungen bei Kerzenschein. Auch die kleinen Gäste werden beim Puppentheater oder dem Kinderstück, bei dem die Schlossgeister zum Leben erweckt werden, bestens unterhalten. Eine Fahrt mit dem Karussell darf natürlich ebenfalls nicht fehlen. Mit Bratwurst und Pfefferkuchen ist selbstverständlich auch für das leibliche Wohl gesorgt. Und das ein oder andere Weihnachtsgeschenk kann man hier ebenfalls bereits erwerben. Händler und Kunsthandwerker bieten ihre kleinen Kunstwerke an.

Schloss Weesenstein, Am Schlossberg 1, 01809 Müglitztal; Tel.: 035027 62629; www.schloss-weesenstein.de
Schlossweihnacht: erstes Adventswochenende 13–18 Uhr.
Eintritt: 3 € Kulturbeitrag, 1,50 € für Kinder von 4–16 Jahren; Schlossführung: 10 €.

17 Stracos Erlebniswelt in Colmnitz bei Klingenberg

Egal, ob Kerzenleuchter oder Pyramiden, Nussknacker, Sterne oder Schneemänner – die Stracos Erlebniswelt hat das ganze Jahr eine Fülle von Weihnachtsartikeln im Angebot, vor allem die Holzkunst aus dem Erzgebirge. Im Verkaufsraum sitzt eine Oma mit Brille, die Märchen vorliest, erst auf den zweiten Blick erkennt man, dass es sich um eine Puppe handelt. Und das ist nur ein Highlight, das es hier zu entdecken gibt. In dem romantischen und stimmungsvollen Ambiente kommt man aus dem Staunen nicht heraus.

In der Schauwerkstatt können die Besucher den Holzspielzeugmachern dabei zuschauen, wie sie das Stück Lindenholz in die Vorrichtungen und das Stemmeisen von unten über den Rohling spannen. Holzspäne kringeln sich nach oben, Reihe um Reihe – bis zum fertigen Spanholzbaum. In der Werkstatt stellen die Holzkünstler Schwibbogen, Schneemänner, Fensterlichter und eben Spanbäume her – von sechs Zentimetern bis zu einem Meter groß. Das verwendete Lindenholz wird am Vortag gesägt, an der Drechselbank werden die Rohlinge gefertigt und das Holz mit Wasser angefeuchtet. Dann kommt alles in einen Plastikbeutel, wo es langsam trocknet. Die Arbeit in der Schauwerkstatt währt das ganze Jahr über, auch bei hohen Sommertemperaturen. Hochsaison ist natürlich die Vorweihnachtszeit.

Auf der Galerie der alten Landvilla gibt es leckere Speisen und selbst gebackenen Kuchen. Von hier oben hat man einen guten Blick auf das bunte Treiben in den Verkaufsräumen.

Stracos Erlebniswelt, Grillenburger Straße 1,
01774 Klingenberg OT Colmnitz;
Tel.: 035202 58811; www.stracos-erlebniswelt-colmnitz.de
Erlebniseinkauf: Mo–So 9.30–19 Uhr; 24.12. 9.30–14 Uhr.

18 Weihnachten im Dresdner Jägerhof

Das Museum für Sächsische Volkskunst in Dresden zeigt die wunderbare Welt der Weihnachtszeit. Oskar Seyffert (1862–1940), Professor an der königlichen Kunstgewerbeschule, gründete den Verein für Sächsische Volkskunde und war der erste Direktor des Museums. Der zum Museum umfunktionierte alte Jägerhof erlitt bei der Zerstörung Dresdens schwere Schäden. Glücklicherweise waren die meisten Kunstgegenstände im Schloss Weesenstein eingelagert, so konnte bereits Weihnachten 1945 in provisorisch gesicherten Räumen die erste Ausstellung stattfinden.

Die Dauerausstellung des Museums präsentiert kunstvoll gefertigte Möbelstücke, Spielzeuge, Keramik und Trachten aus Sachsen. Zudem gehört eine beeindruckende Puppentheatersammlung zum Museum.

Im Advent kann man natürlich die hübschen weihnachtlichen Kunsthandwerksprodukte aus der Region entdecken, besonders die aus dem Erzgebirge wecken immer großes Interesse. Wie Oskar Seyffert schon erkannte: „Im Erzgebirge macht man sich Weihnachten selbst, dort schnitzt und malt man sich die Krippen, die Bergspinnen, die Weihnachtsleuchter, und am Heiligabend erstrahlt im Lichterglanz die selbstgefertigte Pracht."

Außerdem gibt es in der Vorweihnachtszeit zahlreiche Angebote für Familien wie Theaterstücke, Puppenspiele oder Bastelnachmittage. Auch Konzerte mit Adventsmusik und Vorträge mit weihnachtlichen Themen stehen für Erwachsene auf dem Programm.

Museum für Sächsische Volkskunst mit Puppentheatersammlung, Köpckestraße 1, 01097 Dresden; Tel.: 0351 49142000; www.volkskunst.skd.museum

Öffnungszeiten: Di–So 10–18 Uhr.

Sonderausstellung: Im Advent finden auch Sonderausstellungen statt.

Eintritt: 5 €, 4 € ermäßigt, unter 17 Jahren frei.

19

Christmas Garden Dresden

Christmas Garden Dresden fand erstmals 2018 im Schlosspark Pillnitz statt. Seinen Ursprung hat das weihnachtliche Spektakel im Englischen Garten in London. In aller Ruhe und der erhofften Besinnlichkeit sollen die Besucher die Vorfreude auf Weihnachten finden und genießen. Die einzigartige Kulisse von Schloss und Park liefert dazu die schönsten Motive: Lustgarten, Chinesischer Teich, Englischer Garten oder das Glashaus mit der legendenumwobenen, über 230 Jahre alten Kamelie erstrahlen im weihnachtlichen Lichterglanz. In der Dämmerung beginnt die magische Reise durch die märchenhafte Landschaft. Acht Kilometer Kabel werden im Schlosspark verlegt und 500 Spots angeschlossen. Der zwei Kilometer lange Weg durch den Park ist bestückt mit 20 aufwendig inszenierten Lichtfiguren, darunter ein glitzernder Traumbrunnen, schwebende Sterne und ein beleuchteter überdimensionaler Adventskalender. Sterne regnet es am Bergpalais, Flocken schneit es an der Orangerie und die Seerosen auf dem Teich flimmern eisblau, die kahlen Äste rot. Die Besucher können ihre Herzenswünsche auf einem Zettel an einen Baum hängen und letztendlich werden sogar diverse Wünsche in Erfüllung gehen, nämlich bei der Ziehung der Lose. Eine Eisbahn macht das romantische Ambiente perfekt. Hier kann man staunen und sich verzaubern lassen. Über solch einen zauberhaften Glanz und so viel Glitzer wäre bestimmt auch der ehemalige Besitzer des Schlosses, Kurfürst August der Starke, ins Schwärmen und in helle Entzückung geraten.

Christmas Garden, August-Böckstiegel-Straße 2, 01326 Dresden; www.christmas-garden.de
Öffnungszeiten: Mitte Nov.–Anfang Jan. tgl. 16.30–22 Uhr.
Eintritt: Mo–Do 15 €, Fr–So 17 €; frei für Kinder unter 6 Jahren.

20 Weihnachtszirkus André Sarrasani

Der Zirkus Sarrasani feierte am 22. Dezember 1912, dem vierten Adventssonntag, seine grandiose Premiere. Das Theater galt als der erste feste und feuersicherste Zirkusbau Europas, Gründer war Hans Stosch-Sarrasani, Artist und Clown mit dem Spitznamen „August der Starke des Zirkus".

Der Zirkus besaß zeitweise 250 Pferde, 100 Raubtiere und ständig 22, mitunter sogar 27 Elefanten. Zur Attraktion gehörte das regelmäßige Baden der Großtiere in der Elbe. Die Dresdner strömten zum Fluss, sobald die Elefanten ins Wasser stapften.

In den Wintermonaten war der Zirkus die „Dresdner Sensation", denn zu Weihnachten präsentierte Sarrasani eine faszinierende Revue und lockte die „einfachen Leute" in sein „Volkstheater". Erstklassige Artisten, unter ihnen mehrere Liliputaner, begeisterten das Publikum. Ein Höhepunkt war eine Truppe Sioux-Indianer mit dem Häuptling Edward Two-Two. Schulklassen strömten in den Zirkus, um einmal „echte" Indianer zu erleben.

Auch am 13. Februar 1945 fand eine Vorstellung statt, als plötzlich Sirenen heulten. Clown August stürmte in die Manege, schlug einen Purzelbaum, stolperte über seine eigenen Füße und sagte: „Es ist Fliegeralarm, bitte gehen Sie sofort in einen Luftschutzkeller!" Kurz danach stürzte die imposante Kuppel zu Boden, die „Zierde der Dresdner Neustadt", wie die „Dresdner Nachrichten" das Gebäude genannt hatten, war voll und ganz zerstört.

Erst nach der Wiedervereinigung kam der Zirkus wieder in die Elbestadt und spielte an verschiedenen Standorten. Das Unternehmen ist nun in den Händen des jungen Enkels André Sarrasani, der den traditionsreichen Zirkus weiterführt. Ab Ende November findet eine magische Weihnachtshow mit internationalen Artisten und großartigem Dinner statt.

Sarrasani Trocadero, Peschelstraße 33, 01139 Dresden; Tel.: 0351 6465056; www.sarrasani.de

21 Adventskonzert mit dem Dresdner Kreuzchor

Das Gründungsjahr des Dresdner Kreuzchores ist nicht exakt belegbar, doch die Chroniken gehen von einer rund 800-jährigen Geschichte aus. Bereits in der Reformation zogen die Knaben mit den schwarzen Mänteln und weißen Kragen in der Weihnachtszeit singend durch die Straßen, um mit ihrem Gesang etwas Geld zu verdienen.

Den holden Knabengesang haben die Kantoren bis heute bewahrt. Und zu Weihnachten erklingen natürlich die alten und neuen Lieder und ein großes, festliches Adventskonzert im Dynamo-Stadion lockt Tausende Besucher an. Tatsächlich erreicht der Chor im Dynamo-Stadion mit über 25.000 Besuchern deutlich mehr Menschen als in seiner üblichen Wirkungsstätte, der Kreuzkirche. Im Lichtermeer von Hunderten Herrnhuter Sternen und leuchtenden Handys singen Überraschungskünstler gemeinsam mit dem Kreuzchor internationale und deutsche Weihnachtshits unter dem Motto „Sind die Lichter angezündet“.

Die Kruzianer stehen die Kälte des langen Auftritts, immerhin 90 Minuten, übringens dank beheizbarer Kleidung durch. In den Unterhemden wurde ein versilberter Faden eingestrickt, der Strom leitet. Der Stromkreis wird mit einem Mini-Akku mit Mikroprozessor und Speicher gelegt. Drei Heizstreifen sorgen für Wärme, die Maximaltemperatur beträgt 40 Grad. Der Stromkreis ist gesichert und schaltet sich aus, falls es zu warm ist. Zudem hilft der sogenannte Zwiebellook: zuerst das typische weiße Hemd, dann ein Pullover und noch eine winddichte und warme Fleecejacke plus Mütze und Schal.

Adventskonzert, Lennéstraße 12, 01069 Dresden; Tel.: 0351 25088160; www.adventskonzert.de

22 Weihnachtliche Schätze im Mauersberger Museum

Rudolf Mauersberger, 1889 im kleinen erzgebirgischen Dorf Mauersberg geboren, zählt zu den besonderen Kantoren des Dresdner Kreuzchores. Er war 41 Jahre lang Kreuzkantor, von 1930 bis 1971, sein Bruder Erhard leitete von 1961 bis 1972 die Leipziger Thomaner. Er fungierte über Jahre als Präsident des Bachkomitees und erhielt mehrere Staatsauszeichnungen.

Mauersberger ließ sich am Lehrerseminar Annaberg und am Königlichen Konservatorium Leipzig ausbilden und bewarb sich als Kantor für den Dresdner Kreuzchor. Unter 80 Bewerbern wurde er auserwählt. Der Chor erlangte mit dem 25. evangelischen Kantor internationalen Ruhm. Mauersberger pflegte neben dem Erbe von Bach und Schütz auch das Musikgut seiner geliebten Heimat, dem Erzgebirge.

Er komponierte zeitgenössische Musik wie den „Chorzyklus Dresden“ oder den „Weihnachtszyklus“. In der Blüte seines künstlerischen Schaffens erhielt er die Möglichkeit, seine Berufung fortzuführen. Fast jede Kreuzvesper endete mit einer Ur- oder Erstaufführung eines neuen Werkes.

Zeitdokumente aus dem Leben und Wirken der Brüder Mauersberger als Kreuz- bzw. Thomaskantor zeigt das Mauersberger-Museum im Erzgebirge. Auch die vielen weihnachtlichen Schätze sind dort zu sehen. Rudolfs Dresdner Wohnung war voller erzgebirgischer Figuren, Pyramiden, Leuchten, Weihnachtsbergen und Arbeiten von einheimischen Schnitzern bis zu etablierten Firmen wie Wendt & Kühn. Kurz vor dem Bombardement auf Dresden lagerte er seine Sammlung aus der Stadtwohnung in den Vorort Oberloschwitz um, um sie zu bewahren. Nach seinem Tod kamen die weihnachtlichen Pretiosen in seinen Geburtsort, wo sie sich heute noch befinden. In der Hutzen- und Pfefferkuchenstube ist die Sammlung ausgestellt.

Mauersberg im Erzgebirge, Hauptstraße 22, 09518 Großrückerswalde; Tel.: 03735 90888; www.grossrueckerswalde.de/de/beste-aussichten/sehenswert/mauersberger-museum.html
Öffnungszeiten: Mi–So 12–17 Uhr; 24./31.12. geschlossen.

23 Dresdner Pflaumentoffel und Striezelmarkt

Dresden hat mehr als ein Dutzend Weihnachtsmärkte. Einer der ältesten und bekanntesten weltweit ist der Striezelmarkt mit nahezu 250 Buden und Karussells. Schon um 1500 verkauften die Bäcker hier ihre Stollen, Striezel genannt. So kam der Markt zu seinem Namen. 200 Jahre später entstand der Pflaumentoffel. Allein zehn Stände bieten auf dem Striezelmarkt den berühmten Pflaumentoffel an, gefertigt vom Eishersteller „Willy Vanilli".

Zur Sommerzeit floriert dort das Geschäft mit Softeis, das, mit DDR-Eismaschinen produziert, noch genauso schmeckt wie damals. Als Rohstoff wird weiterhin Komet und Anona für Vanille-, Erdbeer-, Himbeer- und Schokoladeneis verwendet. Zum Saisonende werden Pflaumentoffel produziert. Tag für Tag werden aus Holzstäbchen und Trockenpflaumen die kleinen Männchen zusammengefügt, damit genügend Toffel zu Weihnachten im Angebot sind. Vor allem bei Touristen sind die Pflaumentoffel ein beliebtes Souvenir.

Eine weitere Besonderheit auf dem Striezelmarkt ist die Kindererlebniswelt. Im Märchenhaus lesen Märchenonkel die Geschichte von Aschenbrödel und dem Pflaumentoffel: Eine arme Frau konnte die Miete ihrer Wohnung nicht mehr bezahlen. Da schlug die Tochter vor, aus den getrockneten Pflaumen einen Pflaumenmann zu basteln. Das Mädchen besorgte Stäbe, fertigte so mehrere Pflaumenmänner und verkaufte diese lustigen Figuren auf dem Striezelmarkt. Sie war dabei so erfolgreich, dass die Mutter bald ihre Miete bezahlen konnte.

Außerdem warten auf die kleinen Besucher eine Kindereisenbahn, die Weihnachtsbäckerei, in der sie beim Plätzchenbacken helfen können, und sogar ein Wichtelkino, in der man sich ein Märchen oder einen Trickfilm anschauen kann. Und natürlich kommt auch der Weihnachtsmann vorbei. Täglich öffnet er nämlich ein Fenster des Adventskalenders.

Dresdner Striezelmarkt, 01067 Dresden; striezelmarkt.dresden.de
Öffnungszeiten: Ende Nov.–23.12. 10–21 Uhr; 24.12. 10–14 Uhr.

€ 12,00

24

Dresdner Stollenfest

1730 ließ der sächsische Kurfürst August der Starke für ein Sommerfest im „Zeithainer Lustlager" einen Riesenstollen backen, für den extra ein maßgerechter Backofen angefertigt wurde. Bäckermeister Andreas Zacharias und 60 Knechte stellten einen 1,8 Tonnen schweren, sieben Meter langen und drei Meter breiten Stollen mit 3.600 Eiern, 326 Kannen Milch und 20 Zentnern Weizenmehl her. Das Backwerk für die sächsische Armee wurde mit einem 1,6 Meter langen silbernen Stollenmesser in 24.000 Portionen aufgeteilt.

Das Dresdner Stollenfest geht auf diese Truppenschau im Zeithainer Lager zurück und findet seit 1994 am Samstag vor dem zweiten Advent statt. Erfahrene Bäckermeister fertigen hierbei unter Verwendung bester Zutaten den unvergleichlichen Dresdner Stollen an, der nicht mehr ganz so groß und auch nicht in einem Stück gebacken ist wie zur Zeit Augusts des Starken, aber der doch beeindruckend ist. Das riesige Backwerk präsentiert jedes Jahr ein neues Stollenmädchen. Als Kandidatinnen für die Wahl können sich angehende Bäckerinnen, Konditorinnen oder Fachverkäuferinnen bewerben. Tausende Einheimische und Gäste erleben den pompösen Umzug, der durch die Dresdner Altstadt zum Striezelmarkt führt. Dort wird das Gebäck mit einem neuen Stollenmesser angeschnitten. Dessen Griff besteht aus weißem Dresdner Porzellan und ist von Hand gegossen, geschliffen, glasiert und bemalt. Die aus rostfreiem Edelstahl bestehende Klinge trägt das Wappen des Kurfürsten. Der Stollen wird schließlich für einen guten Zweck verkauft.

Dresdner Stollenfest: in der Altstadt und am Striezelmarkt, 01067 Dresden; www.dresdnerstollen.com
Termin: Am Samstag vor dem zweiten Advent.

25. DRESDNER STOLLENFEST
Der Dresdner Riesenstollen 2018
1,81 m
94 cm
3 850 kg

25. DRESDNER STOLLENFEST

25 Meißner Pflaumentoffel zum Meißner Weihnachtsmarkt

Bekannt als ein Souvenir der besonderen Art ist der Dresdner Pflaumentoffel. Er hat seinen Weg über die Grenzen der sächsischen Landeshauptstadt gefunden. Einer der Letzten, die diese Männlein noch handfertigen, kommt aus der Porzellanstadt Meißen: Ernst Ulrich Boden. Nach der Wende kam der gebürtige Hallenser in seiner Gärtnerei in Radebeul auf die Idee, Pflaumentoffel selbst zu basteln.

Zur Weihnachtszeit steht der Rentner nun in einer Bude auf dem Meißner Weihnachtsmarkt und bastelt die kleinen Kerlchen vor den Augen neugieriger Besucher. Vor ihm auf dem Tisch liegen Trockenpflaumen und weitere Utensilien wie Puppenköpfe, Baumscheiben, eine Heißklebepistole und schwarze Zylinder. Der gelernte Florist klebt auf eine selbst gefertigte Holzscheibe Schaschlikspieße, die als Gerüst für die Pflaumen dienen. Letztendlich erhält das kleine Männlein einen Hut und eine Leiter – so sieht er wie ein Schornsteinfeger aus. Die genaue Entstehungsgeschichte ist nicht überliefert. Fest steht allerdings, dass die Pflaumenmänner eine Anspielung auf den Beruf des Schornsteinfegers sein sollten. Ursprünglich kehrten Knaben die Schornsteine. Sie kamen geschickt und flink durch den Schornstein und galten als Glücksbringer. Die selbst gebastelten Männer wurden wahrscheinlich deshalb zunächst „Pflaumenfeuerrübel" genannt. Erst später wurde der Name „Pflaumentoffel" geboren. „Toffel" bedeutet im Sächsischen so viel wie „kleiner lustiger Kerl".

Aus Bodens Händen stammt zudem die Toffeline mit Schürze und Kopftuch, die Frau des Pflaumentoffels. Eine Figur kostet 3,50 Euro. Eigentlich müsste der Rentner das Doppelte verlangen, aber ihm geht es nicht ums Geld, er möchte das Traditionelle bewahren und erklärt: „Elf Pflaumen hat ein Pflaumentoffel, für jeden Monat eine und im zwölften Monat muss man einen neuen Toffel kaufen". Stolz zeigt er sein Repertoire, die verkäuflichen und unverkäuflichen Stücke. Dazu zählt eine Gruppe von Musikanten – ein Geschenk an seine Frau. Zwar sind die Pflaumen im Laufe der Jahre etwas kleiner geworden, aber die Erinnerung soll bleiben.

Boden fertigt neue Pflaumentoffel nach alter Tradition und auf Wunsch besondere Figuren an, wie ein Brautpaar. Zum Streit, ob der Pflaumentoffel oder das Nürnberger Zwetschgenmännla mit einer Walnuss als Kopf und einem Feigenkörper älter ist, sagt der Meißner: „Wir in Sachsen haben den ältesten – hundert Prozent. Schon auf einem Gemälde von Lucas Cranach sind Striezelkinder zu sehen, später hat ihn der Dresdner Maler Ludwig Richter verewigt, also, keine Frage, wir haben den ältesten."

Weihnachtsmarkt Meißen – Gewerbeverein Meißen e.V., Burgstraße 28, 01662 Meißen; Tel.: 03521 7190800; www.meissner-weihnacht.de

Öffnungszeiten: Ende Nov.–23.12. 11–20 Uhr; 24.12. 10–13 Uhr; 25.12.–30.12. 11–18 Uhr; 31.12. 11–14 Uhr.

26 Schlossweihnacht Moritzburg

Herzog Moritz von Sachsen ließ vor rund 500 Jahren ein Jagdschloss nahe Dresden bauen, das später den Namen „Moritzburg" erhielt. Es lag inmitten dichter Wälder und großer Teiche – also ideal zum Jagen. Unter Kurfürst August dem Starken erlangte das Schloss eine neue Blüte und besondere Pflege. Schloss Moritzburg wurde schließlich ein beliebtes Touristenziel.

Zur Schlossweihnacht am dritten Adventswochenende herrscht großer Besucherandrang. Rund um das Schloss stehen zauberhafte Buden. Natürlich gibt es auch Bratwurst und Glühwein – sonst wäre es ja kein richtiger Weihnachtsmarkt. Eine Fischbude bietet leckere Karpfen aus dem Moritzburger Teich an. Für die Kleinen steht am großen Weihnachtsbaum ein Kinderkarussell bereit.

Besonders beliebt ist außerdem die alljährliche Weihnachtsausstellung „Drei Haselnüsse für Aschenbrödel", die mittlerweile über eine Millionen Besucher begrüßen durfte. Fans erfahren hier alles Wissenswerte zu dem tschechisch-ostdeutschen Märchenfilm, der zu großen Teilen hier auf Schloss Moritzburg gedreht wurde. Dabei waren die Dreharbeiten nicht einfach. Es fiel nämlich kein Schnee und so wurde kurzerhand übel stinkendes Fischmehl verwendet. Das Pferd „Nikolaus" kommunizierte nicht freiwillig mit Aschenbrödel. Damit sich der Schimmel zu ihr drehte und mit dem Kopf nickte, saß ein Helfer unter ihm, der ihn mit einer Möhre lockte. Die Eule „Rosalie", die im Film immer geheimnisvoll zwinkerte, bekam dabei stets mit Stroh einen Piks in den Hintern.

Der Film wurde in Tschechien zum besten Märchenfilm des 20. Jahrhundert gewählt. Der Regisseur Václav Vorlíček (1930–2019) galt als ein Wegbereiter des tschechischen Märchenfilms. 1974 fand die DDR-Premiere stand und auch heute ist der Film zu Weihnachten mehrmals im deutschen Fernsehprogramm zu sehen.

In der Ausstellung freut man sich über die Täubchen beim Erbsensortieren, die braunen Zaubernüsse und das wunderschöne, nachgeschneiderte Ballkleid der Prinzessin. Das kostbare Exemplar war

nämlich einige Zeit verschwunden. Die Diebin zeigte Reue und schickte es anonym mit der Post zurück. Ihre Begründung für den Diebstahl lautete: „Ich wollte einmal so ein schönes Kleid wie Aschenbrödel besitzen“.

Im Schloss und zur Schlossweihnacht erklingen nicht nur Weihnachtslieder, auch die bekannte Filmmelodie des Komponisten Karel Svoboda ist hier zu hören. „Küss mich, halt mich, lieb mich“ wurde ein Schlagerhit.

Schloss Moritzburg, Schloßallee, 01468 Moritzburg; Tel.: 035207 87318; www.schloss-moritzburg.de

Winterausstellung „Drei Haselnüsse für Aschenbrödel“: Mitte Nov.–Anfang März Di–So 10–17 Uhr; 24./31.12. geschlossen.

Eintritt: 9 €, 7,50 € ermäßigt, 1,50 € für Kinder.

27 Advent mit dem Thomanerchor

Eines der bedeutendsten geistlichen Musikstücke ist das „Weihnachtsoratorium“ von Johann Sebastian Bach. Den Kantor der Leipziger Hauptkirchen und Musikdirektor der Thomasschule inspirierte eine Glückwunschkarte mit folgenden Worten zu dem Stück: „Tönet, ihr Pauken“.

Der Leipziger Thomanerchor sang das Oratorium erstmals zu Weihnachten im Jahr 1734, bis zum 6. Januar 1735 folgten fünf weitere Aufführungen in den Gottesdiensten der Thomas- und der Nikolaikirche. Weitere Aufführungen zu Bachs Lebzeiten sind nicht bekannt. Später ging das „Weihnachtsoratorium“ – ein Zyklus von sechs in sich abgeschlossenen Kantaten – in die Kirchengeschichte ein.

Immer ein besonderes Erlebnis ist ein Auftritt des traditionsreichen Thomanerchors – rund 90 Jungen im Alter von 9 bis 18 Jahren, die Jüngeren tragen ihre berühmten Kieler Blusen, die älteren Schützlinge Anzug und Krawatte, ziehen ihre Zuhörer in der Thomaskirche und bei Konzerten weltweit in ihren Bann.

In die Reihe der 35 Thomaskantoren reihen sich neben Bach, der 27 Jahre lang als Kantor wirkte, bekannte Namen wie Erhard Mauersberger, Hans-Joachim Rotzsch und seit 2016 Gotthold Schwarz aus Zwickau.

In der Vorweihnachtszeit singen die Thomaner traditionell Motetten und Adventslieder. Die Aufführungen des „Weihnachtsoratoriums“ mit dem Gewandhausorchester in der Thomaskirche zählen im Advent zu den feierlichen Höhepunkten.

Thomaskirche, Thomaskirchhof 18, 04109 Leipzig; Tel.: 0341 222240; www.thomaskirche.org

1
6
9
12

15

28 Leipziger Weihnachtsmarkt im Wandel der Zeit

Bereits 1458 schrieb Kurfürst Friedrich von Meißen einen Weihnachtsmarkt für Leipzig aus, aber erst 1785 findet man erstmals einen Eintrag von einer weihnachtlichen Budenstadt in einer Chronik, angeregt durch die Städte Nürnberg und Dresden. Der Markt begann damals vier Tage vor dem Weihnachtsfest. Händler verkauften von einem Karren Äpfel und Nüsse und schenkten Wein aus, sogar „Ofenbeine als feierliches Festgeschenk" wurden angeboten. Reißenden Absatz fanden Puppen und diverses Spielzeug. Taschenspieler zeigten ihre Kunststücke und bei den Glückstöpfen und Losbuden versuchte mancher sein Glück. Bänkelsänger besangen die „neueste greuliche Moritat" und Musikanten aus nah und fern spielten auf dem Dudelsack und dem Leierkasten. Inzwischen dauerte der Weihnachtsmarkt schon eine ganze Woche und zu den „Künstlern" gesellten sich Holz- und Blechpfeifer; aus dem Vogtland trafen Mund- und Harmonikaspieler ein. Auch die Familie Strasser aus Tirol verkaufte auf dem Weihnachtsmarkt ihre Artikel. Damit das Geschäft besser lief, sangen die Kinder Anna, Amalie, Caroline und Joseph unter anderem „Stille Nacht, heilige Nacht" und machten so die Leute im Durchgang Barfuß- und Salzgässchen auf sich aufmerksam.

Der Augustusplatz wurde Jahr für Jahr mehr ein Ort des Handelns und der vorweihnachtlichen Freude. Hinzu kamen Bäckerjungen, die „die Stolle" anboten, wie das Gebäck in Leipzig und Umgebung bis heute genannt wird. Das Wort stammt von dem althochdeutschen Wort „stollo" und bedeutet „Pfosten". Die Leipziger Stolle hat zwar keine so lange Tradition wie der Dresdner Striezel, aber Absatzschwierigkeiten hatten die Bäcker nie.

Auch die Würstchenverkäufer machten gute Geschäfte. Sie standen mit Erlaubnis des Stadtrates am dampfenden blechernen Wurstkessel, daneben ein Korb mit Brötchen. Ihnen mangelte es oft am nötigen „Anlagekapital" und so liehen sie sich die Brühkessel bei den Fleischern aus. Ein Paar Würstchen kosteten 15 Pfennig, zehn Pfennig gingen an den Fleischer und wurden für sonstige Nebenkosten wie Senf

ausgegeben. Man schätzt den Reingewinn auf 500 Mark pro Woche. Den höchsten Umsatz erzielten die Händler natürlich am Wochenende und den Tagen, an denen Geld ausgezahlt wurde. Heute sind es neben den Bratwurstständen vor allem die Glühweinstände, die gute Gewinne einbringen.

Der Leipziger Weihnachtsmarkt erstreckt sich inzwischen über das gesamte Stadtzentrum. Wie einst erschallt vom Balkon des Alten Rathauses abends das Posaunenblasen. Auf der Bühne am Markt gestalten kleine und große Künstler am Nachmittag ein weihnachtliches Programm. Und natürlich schaut auch der Weihnachtsmann vorbei.

Leipziger Weihnachtsmarkt, Handwerkerpassage, 04109 Leipzig.
Öffnungszeiten: Ende Nov.–22.12. So–Do 10–21 Uhr, Fr–Sa 10–22 Uhr; 23.12. 10–20 Uhr.
Posaunenblasen: Mo–Fr 18 Uhr, Sa–So 19 Uhr.

29 Chemnitzer Weihnachtsmarkt und Bergparade

Den Auftakt des Chemnitzer Weihnachtsmarktes bildet die Bergparade am Vortag des ersten Advents. 700 Uniformträger, 350 Bergmusiker und 18 Bergsänger stimmen „Glück auf, der Steiger kommt" an und erfreuen mit dem Umzug Tausende Besucher. Um 14 Uhr beginnt der eigentliche Umzug, im Anschluss daran findet ein großes öffentliches Adventsingen statt.

Die Bergtracht weist auf die Rang- und Reihenfolge der Kumpel hin und die Trachten sowie die Farben der Fahnen sind von Bergrevier zu Bergrevier unterschiedlich. Alle grüßen sich jedoch mit „Glück auf!".

Im Laufe des Advents finden noch 20 solcher Bergparaden statt – jedes Wochenende in einer anderen Stadt, damit es keine Überschneidungen gibt.

Chemnitz hat das Zeug zur Weihnachtsstadt. Der Weihnachtsmarkt, der mit der Bergparade eröffnet wird, lädt mit seinen mehr als 200 festlich geschmückten Buden ein und erstreckt sich über die ganze Innenstadt. Mittendrin stehen der Weihnachtsbaum und die 12 Meter hohe Weihnachtspyramide mit fünf Etagen – das Wahrzeichen der Stadt.

Im Winterdorf in der Inneren Klosterstraße finden sich Löffelmacher, Steinmetze, Gaukler und Feuerspucker ein. Selbst ein Badehaus mit heiß gefülltem Holzzuber ist vorhanden. Nebenan im Erzgebirgsdorf werden Plätzchen gebacken und es wird gebastelt. In den Buden lockt erzgebirgische Kunst. Im Wettbewerb „Best Christmas City" wurde der Chemnitzer Weihnachtsmarkt zum schönsten Weihnachtsmarkt Deutschlands gekürt.

Große Bergparade, Zentrum, 09111 Chemnitz; Touristinformation Chemnitz, Markt 1, 09111 Chemnitz, Tel.: 0371 690680.
Termin: Samstag vor dem ersten Advent 13–15.30 Uhr.
Chemnitzer Weihnachtsmarkt, Neumarkt, 09111 Chemnitz.
Öffnungszeiten: Ende Nov.–22.12. 10–21 Uhr, 23.12. 10–20 Uhr.

30 Eine Weihnachtsfeier in der Kaffeefee

Was hat Weihnachten mit Kaffee zu tun? Mehr als man denkt. Zu Keksen, Pfefferkuchen, Stollen und selbst gebackenen Plätzchen gehört ein „Schälchen Heeßen“, also eine Tasse Kaffee mit viel Zucker.

An der Stadtgrenze zu Chemnitz besteht seit 2009 die „Kaffeefee mit Schaurösterei“. Eine ehemalige Uhrmacherin sattelte um – ging von einem Handwerk zu einem anderen und gründete nach einem Lehrgang eine der ersten sächsischen Kaffeeröstereien. In Wüstenbrand schließlich bot sich die Gelegenheit, ein Kaffeehaus mit Rösterei zu betreiben, und so pflegt sie hier die gemütliche sächsische Kaffeekultur. Mitunter hört sie auch den Gästen zu. Manchmal geht es bei den Geschichten auch um Kaffee, beispielsweise über das Weihnachtspaket mit Westkaffee. Hierzulande kosteten 250 Gramm Rondo 22 Ostmark – eine Menge Geld für das „schwarze Gold“. Aber viele Sachsen leisteten sich diesen Luxus.

Die Kaffeefee berichtet: „In der Weihnachtszeit buchen vor allem Firmen eine Weihnachtsfeier, um ihren geliebten Kaffee in fröhlicher Runde zu genießen – natürlich mit Stollen und Keksen aus der hiesigen Bäckerei. Und einige Kunden kaufen auch handgefertigte Pralinen und andere Schokoladen für den Gabentisch.“

Kaffeefee, Straße der Einheit 31, 09337 Hohenstein-Ernstthal OT Wüstenbrand; Tel.: 03723 626756; www.kaffeefee-sachsen.de
Öffnungszeiten: Di, Do 14–18 Uhr, Fr 10–18 Uhr, an Wochenenden nach Absprache.

Felipe
Sachsen
Sachsenkäffchen
nicht nur für Kaffeesachsen
Filterkaffee, gemahlen, Mischung 100 % Arabica
Kaffeerösterei
250g
27.11.2019
CHOCOLATE
Peru Single Origin
WINTER
ZAUBER
Grown in the rainforest
Handcrafted with love
MADE IN GERMANY

31 Mit dem Pferdeschlitten durch das Erzgebirge

Mit einer Pferdekutsche durch das wunderschöne Erzgebirge zu fahren, ist immer ein besonderes Erlebnis. Noch einmaliger wird es nur, wenn die Landschaft schneebedeckt ist und man die Kutsche durch einen Schlitten ersetzt.

Auf modernen Pferdeschlitten geht es dann in eine warme Decke gewickelt rund eine Stunde mit edlen, fein gestriegelten Kaltblütern und einem Gespannführer in historischer Robe durch das Osterzgebirge. Verschiedene Anbieter bieten unterschiedliche Fahrten an. Im Advent startet sie am „Hotel Lugsteinhof" in Zinnwald, am Skilift sowie am Gesundheitszentrum „Raupennest" in Altenberg. Auch individuelle Wünsche werden erfüllt, so kann man beispielsweise zum Weihnachtsmarkt nach Geising oder Altenberg fahren. Und sollte einmal kein Schnee liegen, ist auch das kein Problem, die Pferdeschlitten verfügen neben den Kufen über ein Fahrwerk, mit dem sie schneefreie Stellen überwinden können. Im Advent ist auch der Weihnachtsmann mit von der Partie und in den Kutschen gibt es Glühwein und Altenberger Kräuterschnaps.

Kutsch- und Schlittenfahrten René Liebscher, Am Sommerweg 2, 01773 Zinnwald-Georgenfeld; Tel.: 035056 35490; www.pferdeschlitten-osterzgebirge.de

Weihnachtsmarkt Geising, Hauptstraße, 01778 Geising.

Öffnungszeiten: Freitag und Samstag vor dem ersten Advent.

Weihnachtsmarkt Altenberg, Altenberger Dom, Eugen-Heinen-Platz 2, 51519 Odenthal.

Öffnungszeiten: Zweites Adventswochenende: Fr 16–21 Uhr, Sa 10–21 Uhr, So 10–19 Uhr.

32 Die sieben Weihnachtsmänner aus Burkhardtsdorf

Es gibt die sieben Zwerge, die sieben Schwaben und die sieben Weihnachtsmänner. Die Weißbärtigen stammen aus dem erzgebirgischen Burkhardtsdorf und zählen zu der Heimatgruppe, die 1970 gegründet wurde. Die Idee wurde im Karnevalsklub geboren. Inzwischen sind neben sieben aktiven Weihnachtsmännern drei fleißige Helfer von September bis Januar im Dienst des Weihnachtsmannes unterwegs. Sie schlüpfen in ihre roten Mäntel und hängen sich ihre weißen lockigen Bärte um, um den Menschen eine Freude zu bereiten.

Am ersten Advent eröffnet die Truppe den Weihnachtsmarkt in der Gemeinde. Das Team ist ab 9 Uhr morgens mit drei Pferdewagen und den Schwarzenberger Musikanten unterwegs, hält an einigen Stationen an und verteilt Geschenke. Am Nachmittag kommen die Männer zurück zum Marktplatz, um die Pyramide anzuschieben. Sowohl Kinder als auch Erwachsene bekommen Hinweise zum Bravsein und erhalten aus dem prall gefüllten Säcken dank der Unterstützung von Händlern und Firmen kleine Gaben. Im Advent sind die Weihnachtsmänner oft auf Tour und machen vor allem Besuche in Schulhorten, Kitas und Pflegeheimen. Sie haben viel zu tun, sogar am Heiligabend fahren sie nach Chemnitz ins Klinikum und beschenken die kleinen Patienten.

Burkhardtsdorfer Weihnachtsmarkt, Schillerplatz, 09235 Burkhardtsdorf.
Termin: Erster Advent.

33

Hutzenabende im Erzgebirge

In Amerika sind „holiday parties" in der Weihnachtszeit groß in Mode, im Erzgebirge sagt man dazu schlicht und einfach „Hutzenabende". Freunde, Bekannte und Nachbarn werden dazu eingeladen. Die Gäste bringen kleine Geschenke mit, selbst gebackene Plätzchen oder eine Flasche Wein. Die Hutzenabende verlaufen allerdings nicht mehr wie im ursprünglichen Sinn, wo am Spinnrad gesponnen oder am Klöppelsack geklöppelt wurde, wo erzgebirgische Lieder gesungen und selbst verfasste Gedichte am Kachelofen vorgetragen wurden. Etwas in Vergessenheit geriet das fröhliche Beisammensein junger Mädchen und Frauen, die über Hinz und Kunz klatschten und tratschten. Sie freuten sich sogar auf den Überfall der jungen Männer. Hörten sie ein verdächtiges Geräusch, waren sie vorbereitet und gewappnet. Kurzerhand nahmen sie die Eindringlinge gefangen und steckten sie in einen Sack. Die Burschen kamen erst durch ein Lösegeld, eine Flasche Wein, wieder frei.

Einige Erzgebirger pflegen den alten Brauch und laden zum gemeinsamen Hutzenabend ein. Reisebüros bieten immer häufiger einen „Ausflug zum Hutzennachmittag" oder „Hutzenabende" in einer gemütlichen Schenke oder einem großen Restaurant an. Das bunte Programm mit einheimischen Volksmusikanten und einem Mundartsprecher sorgt für gute Laune. Nachmittags gibt es Kaffee und Stollen, abends eine deftige Schmalzstulle, ein kräftiges Essen oder sogar Neunerlei-Speisen – im Erzgebirge eine Tradition. Glühwein und Kräuterschnaps aus eigener Produktion dürfen natürlich auch nicht fehlen.

Zwönitzer Hutzentage, Innenstadt, 08297 Zwönitz;
Tel. Stadtverwaltung: 037754 350.
Öffnungszeiten: erstes Adventswochenende: Fr 18–22 Uhr, Sa 10–22 Uhr, So 10–20 Uhr.
Topfmarktscheune, Topfmarkt 7, 09235 Burkhardtsdorf; Tel.: 03721 24324;
www.topfmarktscheune.de
Preis: 15 € pro Person.
Gasthof Walfisch, Klingenthaler Str. 48, 08267 Zwota; Tel.: 037467 22616;
www.gasthof-walfisch.de
Preis: ab 10,50 € pro Person.

34 Zu Besuch bei den Männel- und Häuselmachern

Seit dem 17. Jahrhundert hat sich im Erzgebirge mit dem Niedergang des Bergbaus eine einzigartige Handwerkstradition entwickelt, die bis heute in rund 250 Kleinst- und Familienbetrieben gepflegt wird. Die sogenannten Männel- und Häuselmacher schnitzen mit viel Liebe zum Detail Engel und Kurrendesängerfiguren, Lichtelhäuser und Schwibbogen, Pyramiden, Spanbäume und natürlich die „Raachermännel". Kunstvoll bemalt und verziert, sei es nach uralten Vorbildern oder in ganz neuer Gestaltung, verzaubern sie die Freunde weihnachtlicher Handwerkskunst in der ganzen Welt. Kerzen und Lichter lassen die Schnitzkunstwerke erstrahlen und verbreiten eine stimmungsvolle Atmosphäre.

Deshalb darf ein Besuch in einer der zahlreichen Werkstätten zwischen Waldkirchen/Grünhain und Seiffen bei einem Ausflug ins adventliche Erzgebirge auf keinen Fall fehlen. Eine ganz besondere Künstlerin ist Birgit Uhlig aus Olbernhau. Sie fertigt in ihrem kleinen Unternehmen wunderschöne Lichterhäuser aus Pappe, einmalig und in der Region inzwischen zum Brauchtum gehörend. Ihr ist es zu verdanken, dass beim Abwickeln des Großbetriebes Vero durch die Treuhand wunderschöne traditionelle Zeichnungen erhalten blieben. Die Palette der von ihr angefertigten Kirchen und Häuser ist im Laufe der Jahre beständig gewachsen. In einem Musterzimmer sind 25 herrliche Exemplare zu bewundern.

Erzgebirgische Lichterhäusel – Birgit Uhlig, Töpfergasse 38A, 09526 Olbernhau; Tel.: 037360 74118; www.erzgebirgische-lichterhaeuser.de
Werkstattbesuch: Zweiter Advent 10–17 Uhr.

35 Wo das Bernsteinzimmer schlummert …

Die Gemeinde Deutschneudorf liegt auf dem Erzgebirgskamm in 750 Metern Höhe und ist ein Wintersportgebiet. Skiläufer können eine Tour auf gespurten Loipen durch die Kammwälder starten. Auf Wanderer wartet ein besonderer Pfad, der auf 23 Kilometern durch den Ort führt: der erste deutsche Glockenwanderweg. Hier bieten sich nicht nur spektakuläre Ausblicke, sondern man kommt an zahlreichen alten Eisenglocken vorbei. Jede Glocke hat einen besonderen Glockenstuhl – das Design stammt von Studenten der Universität Dresden. Der Pfad endet an der Deutschneudorfer Barockkirche. Am ersten Adventswochenende finden das Pyramiden-Anschieben und ein kleiner familiärer Weihnachtsmarkt auf dem Festplatz statt.

Vor den Adventssonntagen kann man immer freitags um 18 Uhr und sonntags um 15 bzw. 16 Uhr eine Mettenschicht, die letzte Schicht vor Weihnachten, im Fortuna-Bernstein-Erlebnisbergwerk miterleben. Die „Bergmannsweihnacht" wird im festlich geschmückten Huthaus gefeiert und dauert etwa zwei Stunden. Zunächst wird der Bergbericht gelesen und gemeinsam gesungen. Anschließend warten ein köstlicher Bergmannschmaus mit Steigerbier, ein Theaterstück und zum Abschluss erzgebirgische Blasmusik auf die Gäste. Auch eine Führung durch das geheimnisvolle Bergwerk kann gebucht werden. Hier soll nämlich das Bernsteinzimmer verborgen sein. Augenzeugen haben angeblich die Züge aus Marienberg kommen sehen und seltsame Vorgänge in den letzten Kriegstagen beobachtet. Bislang war die Suche wie bereits zu DDR-Zeiten auch in Weimar, Jonasthal, Litauen oder im Steinbruch Coburg vergebens. Nichtsdestotrotz hält sich die Hoffnung, das Bernsteinzimmer eines Tages zu finden, hartnäckig. Der Gästeführer im Abenteuer-Bergwerk erzählt aufregende Geschichten über den Verbleib der Kostbarkeiten. Spannende Geschichten sind doch genau das Richtige für so ein Adventswochenende.

Bergwerk Fortuna Bernstein, Deutschkatharinenberg 14, 09548 Deutschneudorf; Tel.: 037368 12942; www.fortuna-bernstein.de

Führungen: Di–So 10.30 Uhr, 12 Uhr, 13.30 Uhr, Sa–So 15 Uhr; weitere Führungen auf Anfrage.

Preis: 6,50 €, Schwerbehinderte 5,50 €, Schüler ab 13 Jahre und Studenten 5 €, Kinder bis 12 Jahre 4 €.

Mettenschicht: Freitag vor den Adventssonntagen 18 Uhr, Adventssonntage 15 bzw. 16 Uhr.

Preis: 39 € p.P.

36

Die Bergkirche zu Seiffen

Wer kennt die Seiffener Kirche nicht,
gedrechselt und bemalt,
wie sie als Achteck, klar und schlicht,
im Weihnachtszimmer strahlt?
Bekannter als der Kölner Dom
ist dieser kleine Bau,
und selbst Sankt Peter dort in Rom,
kennt keiner so genau.

So dichtete der erzgebirgische Mundartdichter Wolfram Böhme über dieses Gotteshaus und traf mit seinen Worten genau ins Schwarze. Das fast 250 Jahre alte Kirchlein ist das Wahrzeichen Seiffens und aufgrund seines ungewöhnlichen achteckigen Grundrisses etwas Besonderes.

An der Stelle der Dorfkirche befand sich vorher eine Bergkapelle. Zur Einweihung der neuen Bergkirche 1779 stiftete das Bergamt für die Kirchenburschen und Altarknaben Bergkittel, Hosen mit Kniebeugel, Bergleder und Bergkappen. Anfangs fand alljährlich, wie zuvor in der Bergkapelle, eine Bergpredigt statt. Später diente die Kirche vor allem den Quartalspredigten.

Der Spruch „Zur Ehre Gottes und zum Heil der Menschen" über dem Eingang des Gotteshauses erinnert an die frommen Bergleute. Auf den Zinnbergbau weist die Wetterfahne hin, die eine Bergmannsfigur ziert. Die kuppelförmige Decke wird innen von acht Holzsäulen getragen. Dazwischen befinden sich zwei Emporen mit Kanzel und Altar, das Kruzifix ist aus hiesigem Zinn. Ein altes Holzkreuz in alter Farbgestaltung stammt aus der Bergkapelle und hängt neben Kanzel und Altar, gegenüber steht die Orgel der Gebrüder Poppe.

Die Rundkirche wirkt wie ein Pyramidenbau. 1875 wurde in der Kirche ein Galerieumgang angebracht – für Auftritte der Posaunenbläser und den Kirchenchor.

Lichter- oder Weihnachtskirche wird die Kirche zu Weihnachten genannt, weil sie dann im vollen Kerzenglanz erstrahlt und die Tradition

in Altväterart stattfindet. Die Altväter, im dunklen Schacht auf das Licht angewiesen, wussten das Helle zu schätzen. Zum Weihnachtsschmuck gehören Holzlaternen mit ausgesägten Weihnachtsmotiven und gedrechselte Holzspinnen. Eine alte Glasspinne von 1670 wurde aus der Bergkapelle in die Barockkirche übernommen – die Kostbarkeit hängt im Altarraum. Am Ein- bzw. Ausgang halten Bergmann und Engel Wacht. Die hellen Farben, die Zinngegenstände, die Orgel und die Kerzen auf den Glasleuchten erzeugen eine wunderbare Atmosphäre.

Die Kirche wurde schon unzählige Mal in Krippen, auf Schwibbogen und Pyramiden dargestellt. Dank der fleißigen Spielzeugmacher und Schnitzer ist der Rundbau zu einer der berühmtesten Kirchen der Welt geworden. Mancher Besucher konstatiert: „Diese Kirche ist also keine Fantasie, es gibt sie tatsächlich."

Seiffener Kirche, Deutschneudorfer Straße 4, 09548 Seiffen; Tel.: 037362 8385; seiffen.de/bergkirche-seiffen
Seiffener Weihnacht: Ende Nov.–22.12.
Öffnungszeiten: Mo–Fr 11–17 Uhr, Sa 10–20 Uhr, So 11–18 Uhr.

37 Nussknackermuseum Neuhausen

Zu den beliebtesten Figuren, die vor Weihnachten aus den Kisten gepackt werden und als Dekoration die Wohnung schmücken, zählt der Nussknacker. Rund um Weihnachten landet so auch Peter Tschaikowskys (1840–1893) Ballett „Der Nussknacker", das 1892 Premiere in St. Petersburg feierte, auf dem Spielplan zahlreicher Opernhäuser.

Zu hören ist die Musik auch im Nussknackermuseum Neuhausen. Täglich zur vollen Stunde öffnet sich dort die riesige Tür der größten Spieldose der Welt und die Besucher lauschen der wunderbaren Melodie. Die gewaltige Dose hat ein Tellergewicht von 550 Kilogramm. Der Durchmesser des Tellers misst 4,55 Meter, der Gesamtdurchmesser 5 Meter. Das Gewicht der einzelnen Figuren (Drosselmeier, Mäusekönig, Mädchen Clara, Spielzeugsoldat und Prinz Nussknacker) beträgt 75 bis 100 Kilo.

2019 war für die Nussknacker-Familie Löschner ein besonderes Jahr, sie feierte das 25-jährige Bestehen ihres Museums. Löschners sind stolz auf die Rekorde, die sie im Laufe der Jahre eingeheimst haben. Sie stehen mit dem größten funktionsfähigen Nussknacker, der 3,86 Meter misst, der größten Sammlung der Gesellen, mittlerweile über 5.000 Stück, sowie dem kleinsten Nussknacker im Guinness-Buch der Rekorde. Letzterer wurde aus einem Zahnstocher hergestellt, ist gerade einmal 4,9 Millimeter groß und nur mit einer Lupe zu bewundern.

Als Nussknacker tauchen Räuber, Förster, Soldaten, Indianer, Schornsteinfeger sowie Oma und Opa auf. Alle Berufe und Figuren, die man sich vorstellen kann, sind in Neuhausen vertreten. Familie Löschner steht mit etwa 100 Sammlern und 100 Herstellern in engem Kontakt.

Das Museum kann ganzjährig besucht werden, vom ersten bis zum dritten Advent begeistert zudem der Nussknackermarkt die Gäste.

Nussknackermuseum Neuhausen, Bahnhofstraße 20–24, 09544 Neuhausen/Erzgebirge; Tel.: 037361 4161; www.nussknackermuseum-neuhausen.de
Öffnungszeiten: Mo–Fr 9–18 Uhr, Sa–So, Feiertage 9–17 Uhr.
Eintritt: 5 €, 1,50 € für Kinder.
Nussknackermarkt: Erstes, zweites und drittes Adventswochenende 9–17 Uhr.

38 Annaberger Weihnachtsmarkt am Fuße der St. Annenkirche

Die alte Silberstadt im Herzen des Erzgebirges richtet einen der schönsten Weihnachtsmärkte der Region aus. Über 80 Stände bieten rund um den riesigen Weihnachtsbaum und die große Pyramide auf dem Markt die klassischen Annaberger Faltsterne, Posamenten und Klöppelspitze und besonders schöne Stücke aus echt erzgebirgischen Schnitzerwerkstätten feil.

Mit Annaberger Stollen, Glühwein und traditionellen lokalen Gerichten wie dem „Neinerlaa" kulinarisch aufs Beste versorgt, verweilen Besucher aus nah und fern gerne viele Stunden auf dem Weihnachtsmarkt. Handwerker aus Annaberg und Umgebung demonstrieren ihre Kunstfertigkeit. Auf der Marktbühne bieten Musikkapellen und Chöre stimmungsvolle Advents- und Weihnachtslieder dar.

Rund um den Markt verwandelt sich das meist schon von einer feinen Schneeschicht überzogene Annaberg in ein Weihnachtsparadies. Das Haus des Gastes „Erzhammer" wird zum Weihnachtshaus, in dem Konzerte und Märchenspiele große und kleine Besucher in freudige Stimmung versetzen. In der direkt am Markt gelegenen Bergkirche St. Marien gibt es die aus 32 über einen Meter hohen Figuren bestehende bergmännische Krippe zu entdecken, in der die Weihnachtsgeschichte mit erzgebirgischen Traditionen und Trachten verschmilzt.

Am vierten Advent versammeln sich traditionell über 1.000 Trachtenträger aus dem ganzen Erzgebirge zur einzigartigen weihnachtlichen Bergparade, die zur festlich geschmückten St. Annenkirche führt, die wie eine Krone über Stadt und Weihnachtsmarkt erstrahlt. Diese 1525 eingeweihte größte gotische Hallenkirche in Sachsen mit ihrem berühmten Bergaltar ist immer einen Besuch wert. In der Adventszeit bietet sie mit großen Weihnachtsbäumen und feierlichem Schmuck einen unvergleichlichen Rahmen für festliche Adventskonzerte aller Stilrichtungen.

Annaberger Weihnachtsmarkt, Altstadt, 09456 Annaberg-Buchholz;
Öffnungszeiten: Ende Nov.–23.12. Mo–Do 10–19 Uhr, Fr–So 10–20.00 Uhr.
St. Annenkirche, Große Kirchgasse 21, 09456 Annaberg-Buchholz; Tel.: 03733 23190;
www.kirche-annaberg-buchholz.de

39 Engelchen aus Grünhainichen

Spieldosen, Blumenkinder und musizierende Engel – kleine Boten des Glücks und der Liebe – kommen aus Grünhainichen, genauer aus der Firma Wendt & Kühn. Schon seit über 100 Jahren werden diese Figuren in der Werkstatt im mittleren Erzgebirge hergestellt. Grete Wendt und Margarethe Kühn, beide Absolventinnen der Königlich-Sächsischen Kunstgewerbeschule, ahnten 1915 sicher nichts von der beeindruckenden Entwicklung. Angefangen haben die beiden, wie viele Künstler jener Zeit, mit abwegigen Exponaten wie kostengünstigen Grabsteinen, Urnen, Fingerhut-, Servietten- Zigaretten- und Streichholzhaltern. Diese kuriosen Dinge sind allerdings schon seit geraumer Zeit nicht mehr im Sortiment. Der Grünhainicher Archivschatz umfasst insgesamt etwa 2.500 Skizzen, Entwürfe und Zeichnungen für Drechslereien. Inzwischen faszinieren vor allem die Blumenkinder und die schneeweißen Engelsmusikanten mit grünen Flügeln und elf Punkten. Die Punkte haben übrigens keine künstlerische Bedeutung. Die Erfinderin sagte dazu: „Das hat sich einfach so ergeben."

Mittlerweile sind 75 Varianten im Angebot und jedes Jahr kommen neue Engelchen hinzu. Gut 450 der Engels- und Weihnachtsfiguren stellt die Traditionsfirma derzeit her, die Angebote wechseln stetig. Menschen, die Weihnachten lieben, schätzen das Besondere der Figuren. Es gab auch berühmte Sammler wie Helene Weigel und Marlene Dietrich.

Auf 270 Quadratmetern kann man den Mythos der Firma erleben. Bereits am letzten Wochenende im November finden die Advents-Schautage in Grünhainichen statt. Die Gäste werden dabei auf Weihnachten eingestimmt. Bei einem Rundgang sieht man, wie die Figuren zum Leben erwachen. Auch in Seiffen ist Wendt & Kühn präsent. Dort können die Besucher selbst kreativ werden und ihre eigenen Figuren gestalten.

Die in Handarbeit gefertigten Produkte sollen keinen großen Temperaturunterschieden ausgesetzt sein und werden deshalb nicht auf Weihnachtsmärkten verkauft.

Wendt & Kühn KG, Chemnitzer Straße 40, 09579 Grünhainichen; Tel.: 037294 86128; www.wendt-kuehn.de

Schautage: Erstes Adventswochenende 10–17 Uhr.

40

Advent in Augustusburg

Die Kleinstadt im Erzgebirge bietet im Advent ein einzigartiges Ritual. Unterhalb des Jagd- und Lustschlosses in der historischen Altstadt steht ein Adventskalender in Form eines Schwibbogens. Auf dessen Dach dreht sich das Flügelrad einer Pyramide. Vom 1. bis 24. Dezember wird jeden Morgen um 10 Uhr ein Holztürchen geöffnet. Hinter den hölzernen Klappen des Kalenders verbergen sich bunte, bewegliche Figuren. Zur morgendlichen Zeremonie gehört ein 30-minütiger künstlerischer Auftritt. Künstler und Schüler präsentieren Weihnachtliches, Besinnliches und Heiteres. Vor dem Öffnen wird gemeinsam das Adventskalenderlied gesungen, das der Augustusburger Hochschullehrer Harald Oertel innerhalb von zwei Tagen eigens für seine Stadt geschrieben hat: „Augustusburger Adventskalender, den jeder im Städtchen kennt, erstrahle uns im Advent. Es gibt 24 Bewohner, doch die zahlen keine Miete, der Engel, der Bergmann, der Räuchermann, jeden Morgen schaut uns ein andrer an."

Viel Trubel herrscht immer am dritten Adventswochenende in der gesamten Stadt und im Schlossbereich. Neben dem Adventssingen in der St.-Petri-Kirche und dem Bienenwachsgießen lockt dann der Männelmarkt die Besucher an. Der Höhepunkt ist die Männelparade, bei der Mädchen und Jungen kostümiert durch den Ort spazieren.

Augustusburger Altstadt, Schloßstraße 1, 09573 Augustusburg; Tel. Touristinformation: 037291 39550.
Öffnungszeiten Augustusburger Männelmarkt: Drittes Adventswochenende 11–19 Uhr.

41 Weihnachtsmarkt in Schwarzenberg

Mit Fug und Recht kann man behaupten, dass der Weihnachtsmarkt in Schwarzenberg, genannt Perle des Erzgebirges, einer der schönsten Weihnachtsmärkte Sachsens ist. Hier werden alte Traditionen wie der schwarze Schwibbogen der Erfinder Kraus und Lorenz fortgeführt. In der Mitte des Bogens sind die Bergmänner, rechts eine Klöpplerin und links ein Schnitzer dargestellt. Und der Weihnachtsmarkt geht immerhin auf das Jahr 1534 zurück.

Jahr für Jahr bietet die Feuerwehr Glühwein, Bratwurst und Linsensuppe an. Stammbesucher essen und trinken nur an diesem Stand am Unteren Tor, weil es hier am besten schmeckt. Die Linsensuppe kocht Feuerwehrmann Herbert nach altem Hausrezept. Nicht die komplette Suppe wird an die Besucher verkauft, dafür ist der 400 Liter Kessel zu groß. Auch die Feuerwehr-Kameraden gehen nicht leer aus. Den Rest friert die Familie traditionsgemäß ein, der kommt dann zu Weihnachten und Silvester auf den Tisch.

Der Weihnachtsmarkt mit den liebevoll gestalteten Ständen zieht sich durch die Altstadt, eine Bude ist schöner dekoriert als die andere. Trotzdem warten die Besucher mit Spannung auf die Auswertung der schönsten Bude. Gute Chancen haben das Sternehaus und die Verkaufsbude mit der riesigen Räucherkerze. Der 5,60 Meter hohe Bau aus Crottendorf fällt auf, zudem steigt durch eine Nebelmaschine Rauch in die Luft. Andere Händler haben Garagen und Wohnnischen liebevoll zur Weihnachtstadt umgestaltet. Auf Schritt und Tritt erlebt man Geschichte in den verwinkelten Gassen. Aus den Lautsprechern erklingen deutsche Weihnachtslieder. Im Weihnachtsstübl am Oberen Tor kann man Schnitzern beim Fertigen eines Schaukelpferdes mit dem typischen roten Schwarzenberger König zuschauen. Herrliche Deckenspinnen und Pyramiden schmücken den Raum, in dem Kinder eifrig basteln.

In der Oberen Schloßstraße lädt die Perla Castrum zu einem Museumsbesuch ein. Diesen Namen erhielt das Schlossmuseum 2014. Hier kann man kleinste Miniaturschnitzereien wie Personen aus

Kirschkernen oder Wal- und Haselnüssen, winzige Zinnobjekte und natürlich erzgebirgische Kunst bewundern. Zu Weihnachten verzeichnet das Museum immer einen Besucherrekord. Viele blicken vom Turm auf die Bilderbuchkulisse.

Den krönenden Abschluss des Weihnachtsmarktes stellt die Bergparade mit mehreren Kapellen, 150 Musikern und über 300 Trachtenträgern dar.

Schwarzenberger Weihnachtsmarkt, Markt 16, 08340 Schwarzenberg/Erzgebirge.
Öffnungszeiten: zweiter bis dritter Advent.
Museum Perla Castrum, Obere Schloßstraße 36, 08340 Schwarzenberg/Erzgebirge; Tel.: 03774 23389.
Öffnungszeiten: Di–So 10–17 Uhr; Sonderöffnungszeiten an Feiertagen.
Eintritt: 6 €; ermäßigt 3 €; frei für Kinder bis sechs Jahre.

42 Klöppeln – erst Beruf, dann Brauch

Was heute als Hobby vor allem in der Vorweihnachtszeit betrieben wird, war einst ein Beruf, der Familien ernährte.

Die Geschäftsfrau Barbara Uthmann aus dem Erzgebirge entdeckte vor 450 Jahren das Klöppelhandwerk bei Italienern auf der Leipziger Messe und schuf ein mächtiges Unternehmen rund um Annaberg, Röschau und Schwarzenberg. Damals gehörte das Klöppeln nicht zum Freizeitvergnügen, sondern ermöglichte 10.000 Frauen einen Broterwerb und einen Zuverdienst zum Familieneinkommen. 50.000 Beschäftige arbeiteten im 19. Jahrhundert in dieser Branche.

Im März 1819 wurde die Klöppelschule in Schwarzenberg gegründet, wo Tausende Frauen zur Klöpplerin ausgebildet wurden. Manche schufen außer Spitzenarbeiten auch hervorragende Mustervorlagen, die Klöppelbriefe, die sogar urheberrechtlich geschützt wurden. Nur wenige Handklöpplerinnen sind in der Lage, neue Muster zu entwerfen und zu entwickeln.

Nicht immer war die „leise Kunst", wie das Klöppeln bezeichnet wird, ein anerkanntes Handwerk. In der Wendezeit stagnierte die Textilindustrie und die Königsdisziplin des Kunsthandwerkes verkümmerte. Erst allmählich erinnerte man sich wieder an die Klöppelei und in Annaberg-Buchholz, der Wiege des Klöppelhandwerkes, sowie an der Volkskunstschule Schwarzenberg wurden neue Kurse angeboten. Jede Kursteilnehmerin sitzt dabei vor einem vierbeinigen mit Sägespänen gefüllten Klöppelsack. An den Säcken hängen seitlich schmale hohle Holzklöppel – die Werkzeuge mit dem durchgespulten Garn. Rechts drehen die Frauen den äußeren Klöppel nach innen, links nach außen. Danach wird gekreuzt und die mittleren Klöppel werden getauscht – das heißt: der linke Klöppel wird über den rechten gelegt. Egal, ob Wolle oder Seide, fingerfertige Klöpplerinnen können so schmuckvolle Textilien fertigen: Taschentücher, Tischläufer, Lesezeichen und natürlich Weihnachtsdekoration, kleine Bildchen, die dann am Fenster hängen oder auf dem Tisch liegen. Bei Schauvorstellungen

zeigen Klöpplerinnen gerne ihr Können und präsentieren in der entsprechenden Tracht ihre künstlerische Arbeit.

Sie sind noch auf der Suche nach einem ausgefallenen Weihnachtsgeschenk? Wie wäre es mit einem Gutschein für einen Klöppel-Schnupperkurs?

Volkskunstschule, Obere Schlossstraße 36, 08340 Schwarzenberg/Erzgebirge;
Tel.: 03774 178673; www.volkskunstschule-erz.de

43 Bergmann und Engel im Freiberger Dom

Abseits vom Freiberger Christmarkt auf dem Obermarkt gehört der Freiberger Dom St. Marien am Untermarkt zu den Sehenswürdigkeiten der Silberstadt. Unter dem Domdach finden sich Kunstschätze aus 800 Jahren, wie die Goldene Pforte, die Begräbniskapelle und die beiden Orgeln von Gottfried Silbermann (1683–1753). Im Dom schmücken Bergmann und Engel ab dem ersten Advent, dem Beginn des Kirchenjahres, bis zum 2. Februar, Mariä Lichtmess, den Altar. Danach werden die Christbäume aus der Kirche geräumt und Bergmann sowie Engel wieder in Kisten gepackt.

Ohne Bergleute wäre das Erzgebirge nicht, was es ist. Sie folgten im 12. Jahrhundert dem „Berggeschrey" und holten Silber aus den Bergen. Der Markgraf gewährte den Leuten freies Geleit und ließ eine Stadt mit dem Namen des „freien Berges" entstehen. Freiberg wuchs rasch und erlebte schnell eine Blütezeit. Das Freiberger Bergrecht gewährte eine richtungsweisende Berggerichtsbarkeit. Schon vor der Reformation trugen die Bergmänner bei Prozessionen Kerzen und gestalteten Bergaufzüge im festlichen Habitus. Die aufwendigen Paraden zeigten die besondere Beziehung des Bergmanns zum Licht. Die sächsischen Kirchen ließen, vor allem während des Dreißigjährigen Krieges, aus Zinn gegossene Bergmannsfiguren durch Holzschnitzereien von beachtlicher künstlerischer Qualität ersetzten. Weihnachten war im Leben der Bergleute das herausragende Fest. Im 19. Jahrhundert traten die Engel mit Paraffinkerzen an die Seite des Bergmannes. Am ersten Advent leuchten nur wenige Kerzen, doch von Advent zu Advent wird das Licht heller und zu Weihnachten erstrahlt das Gotteshaus schließlich in festlichem Kerzenschein. Engel verkündeten die Botschaft von der Geburt Jesu. Die Bergleute nahmen die Botschaft an. Bergmann und Engel auf dem Altar des Freiberger Doms zeugen so von der alten Tradition, sind die Symbolfiguren und die Wahrzeichen. Zu Weihnachten singt der Freiberger Domkinderchor und es erklingt Bachs „Weihnachtsoratorium". Im Erzgebirge entwickelte sich der Brauch, für jeden Jungen einen Bergmann und für jedes Mädchen einen Engel ins Fenster zu stellen.

Freiberger Dom, Untermarkt 1, 09599 Freiberg; Tel. Domführung: 03731 22598; www.freiberger-dom.de

Weihnachtsliedersingen: Samstag vor dem vierten Advent um 17 Uhr.

Tickets: ab 12,10 €.

Domführungen: 45 Minuten, nur auf Anmeldung.

44 Mettenschicht in Waschleithe

Ein alter Bergmannsbrauch ist die Mettenschicht. Sie war einst die letzte Schicht der Bergleute vor Weihnachten. Die Männer nahmen nach getaner Arbeit im Stollen gemütlich Platz, beteten und sangen. Der Steiger übernahm die Rolle des Pfarrers und erinnerte in der Bergmette an besondere Ereignisse des zu Ende gehenden Jahres. Er dankte Gott in einem kleinen Gottesdienst für den Schutz vor Gefahren und bat um kommenden Bergsegen. Das Licht spielte bei dieser Zeremonie eine wichtige Rolle. Auf einem langen Grubenholz leuchteten Kerzen. Später symbolisierten Schwibbogen den Grubeneingang. Übertage gab es nach der Mette den Bergschmaus mit Speis und Trank. Tage vorher, an ihren freien Tagen, hatten die Bergleute bereits ihre Häuser herausgeputzt und dafür gesorgt, dass sie in hellem Glanz erstrahlten.

Als kulturelles Erbe wird die Mettenschicht noch heute fortgeführt, so auch im Schaubergwerk „Herkules-Frisch-Glück" in Waschleithe. 100 Kerzen stehen im Marmorsaal des unterirdischen Felsmassivs, 250 Stufen führen hinunter in 80 Meter Tiefe. Die Firste, so wird im Bergbau die Decke bezeichnet, ist mit Lichtern und Reisig geschmückt. Ein Duft von Glühwein und frisch gebackenem Brot mit Speckfett, also Fettbemmchen, zieht durch den Raum. Für die Jüngsten (ab vier Jahren) gibt es eine eigene Kindermettenschicht mit Berggeist Knuffel.

Die Mettenschichten sind auch in den Besucherbergwerken in Ehrenfriedersdorf, wo schon 1270 Zinn gefördert wurde, in Annaberg-Buchholz, Marienberg, Zwönitz oder Altenberg eine touristische Attraktion.

Schaubergwerk „Herkules-Frisch-Glück", Am Fürstenberg 6, 08344 Grünhain-Beierfeld / ST Waschleithe; Tel.: 03774 24252; www.schaubergwerk-waschleithe.de

Mettenschichten: freitags (16 Uhr) und samstags (13.30 und 16 Uhr) vor dem ersten, zweiten, dritten und vierten Advent sowie am 27.12.

45

„Wenn es Raachermannel nabelt" – Olbernhauer Weihnachtszeit

Wenn Weihnachten ist, da kommt die Pfefferkuchenfrau mit ihrem Mann aus Olbernhau, er knackt ihr eine Nuss, er knackt ihr einen Kern und hat sie auch zum Fressen gern, ...", so lautet eine Textzeile des Liedes „Wenn Weihnachten ist". Auch andere Lieder befassen sich mit der Spielzeugstadt im Erzgebirge. 1935 schufen der Zimmermann Emil Kott und der Modelltischler Max Böhm die Pfefferkuchenfrau aus Olbernhau. Vorausgegangen war ein Auftrag der Spielzeughersteller, „Winterhilfsabzeichen" zu fertigen. Und so entstanden zunächst das Schaukelpferd mit Reiterlein, einem Nussknacker. Die Figuren wurden ein regelrechter Verkaufsschlager und für Olbernhau das Aushängeschild. Rund 100 kleine Familienbetriebe, später zusammengefügt zum Kombinat Holzspielwaren Olbernhau, stellten Holzfahrzeuge, Puppenhäuser und eben erzgebirgische Volkskunst her. Millionenfach gingen die Figuren über den Ladentisch, zu DDR-Zeiten waren sie sogar ein Devisenbringer. Mit der Wende wurde das erfolgreiche Kombinat innerhalb kurzer Zeit liquidiert. Das Können der Handwerker ermöglichte ihnen einen privaten Neuanfang.

Die Pfefferkuchenfrau, der Nussknacker und das Reiterlein schmücken als bekannte Symbole nunmehr zur Weihnachtszeit den Olbernhauer Markt. Erst zu Lichtmess werden die Lichter in der Stadt der sieben Täler ausgeblasen. Wie andere Bergstädte hat Olbernhau einen Bergaufzug. Schon Monate vorher sind alle Unterkünfte restlos ausgebucht, denn wer will sich Weihnachten im Erzgebirge entgehen lassen. Im Rittergut gibt es nicht nur eine Schau der Handwerker, sondern viele liebevoll geschmückte Hütten. Gern hört man die Sänger und Sängerinnen vom Großen Erzgebirgischen Weihnachtschor. Chöre und Sänger aus ganz Deutschland kommen zu diesem Ereignis. Begleitet wird der Chor vom Musikkorps der Stadt. Zum Repertoire gehört das „Lied vom Raachermannel". Dieses Stück entstand 1937 in Olbernhau. Der Kantor und Lehrer Erich Lang komponierte und textete viele Stücke, „S' Raachermannel" machte ihn unsterblich.

Die Weihnachtszeit in Olbernhau bietet besonders für Familien viele Erlebnisse. Es empfiehlt sich ein Besuch im einmaligen Museum Saigerhütte mit dem ältesten funktionstüchtigen Hammerwerk Europas. Und im Museum Olbernhau gibt es jedes Jahr eine weihnachtliche Sonderausstellung.

Olbernhauer Weihnachtsmarkt, Stadt Olbernhau und Rittergut; 09526 Olbernhau.
Öffnungszeiten: Samstag vor dem ersten Advent bis zum dritten Advent So–Do 12–19 Uhr, Fr–Sa 12–20 Uhr. Um 16.30 Uhr wird der Adventskalender vom Weihnachtsmann geöffnet.
Museum „Saigerhütte" – Kupferhammer Olbernhau, In der Hütte 10, 09526 Olbernhau; Tel.: 037360 73367.
Öffnungszeiten: Di–So 9.30–16.30 Uhr.
Museum Olbernhau, Markt 7, 09526 Olbernhau; Tel.: 037360 72180.
Öffnungszeiten: Di–Sa 10.30–16.30 Uhr, So 12–16.30 Uhr.

46 Räuchermannmuseum in Cranzahl

Das Räuchermannmuseum in Cranzahl ist deutschlandweit einzigartig. Seit 2012 werden hier auf 200 Quadratmetern 2.500 verschiedene Räucherfiguren aus dem Erzgebirge ausgestellt, viele aus Haushaltsauflösungen, Schenkungen und mehrere Leihgaben. Die Exponate sind übersichtlich nach Typen geordnet und fast jede Berufsgruppe ist vertreten: Apotheker, Polizisten, Förster, Bergleute, Schornsteinfeger und sogar ein Zahnarzt. Auch die Randfichten und die Wildecker Herzbuben sind hier aus Holz zu bewundern. Zwischen 5 und 80 Zentimetern sind die überwiegend gedrechselten Figuren groß. Das älteste Sammlerstück stammt aus der Zeit um 1930.

Der Erfinder des Räuchermannes ist nicht bekannt. Die kleinen Männchen entstanden, nachdem sich im 18. Jahrhundert das Pfeifenrauchen verbreitet hatte. Die Pfeifen waren oft lang, mit Naturholzstiel und gedrechseltem oder geformtem Pfeifenkopf.

Im Museum können sich die Besucher über die beeindruckende Vielfalt und die unterschiedlichen Formen der Räuchermänner informieren. Immer am Samstag vor dem ersten Advent findet zudem der traditionelle Räuchermann-Tausch statt.

1. Räuchermannmuseum, Dorfstraße 44, 09465 Sehmatal-Cranzahl; Tel.: 037342 7603; www.raachermannlmuseum.de

Öffnungszeiten: 1. März–31. Aug. Mo–Sa 10–16 Uhr, So und Feiertage 13.30–16 Uhr, 1. Sept.–28. Feb. Mo–Sa 10–17 Uhr, So und Feiertage 13.30–17 Uhr, Karfreitag, Buß- und Bettag, 24.12. / 25.12. / 26.12. / 31.12. / 01.01. geschlossen.

Eintritt: 3 €, ermäßigt 2 €, 1 € für Kinder von 1–16 Jahren.

47 Crottendorf – das Dorf der Räucherkerzen

Im Gewerbegebiet Crottendorf steht die größte Räucherkerze der Welt. Der räuchernde Riese ragt 15 Meter in die Höhe. Schließlich soll der Rauch auch signalisieren, dass hier im Räucherkerzenland die Heimat der Räucherkerzen ist. Eine Tür ebnet den Weg in die Kerze und die Besucher erleben darin alte Technik und Relikte aus der 80-jährigen Firmengeschichte.

Bereits 1918 begann die Firmengründerin Freya Graupner mit tatkräftiger Unterstützung ihrer Kinder, in ihrer kleinen Küche Räucherkerzen von Hand herzustellen. Um über die Runden zu kommen, verkauften sie die Kerzen dann mit Bauchladen und Tragkorb auf regionalen Märkten, 1936 folgte der Gewerbeantrag. Freya Graupners Rezepte bilden noch heute die Grundlage der Räucherkerzen.

Heute hält das umfangreiche Sortiment Räucherkerzen in fünf verschiedenen Größen und mehr als 40 Duftkompositionen bereit. Die Weihnachtsdüfte sind der Garant für eine stimmungsvolle Adventszeit. Neben traditionellen Düften wie Weihrauch, Tanne, Sandel oder Adventsduft ist eine Vielfalt trendiger Düfte wie Zimtapfel, Kaminzauber, Winter-Orange u.v.m. erhältlich. In den Serien Flowers & Fruits – fruchtige, blumige und würzige Düfte, Weltreise – feine Wohlgerüche aus aller Welt, Sensual Magic – Wellness für die Sinne oder Santali – exotische Düfte aus tausendundeiner Nacht findet garantiert jeder einen Duft, der ihm gefällt.

Im 2017 eröffneten Räucherkerzenland kann man sogar selbst Räucherkerzen herstellen – den Teig kneten, einen eigenen Duft kreieren und die Kerzen selbst formen. Das gemütliche „Café AnnaBella" lädt mit hausgemachten Kuchen und leckerem Kaffee zum Verweilen ein. Im liebevoll gestalteten Marktbereich lässt sich bestimmt das ein oder andere Weihnachtsgeschenk finden. Und auch die kleinen Gäste sind mit einer Spielecke und dem großen Outdoor-Erlebnisspielplatz bestens versorgt.

Crottendorfer Räucherkerzenland, Am Gewerbegebiet 1, 09474 Crottendorf; Tel.: 037344 138686; www.crottendorfer-raeucherkerzen.de

Öffnungszeiten: Räucherkerzenland: Mo–So 9–18 Uhr, 1. Mrz.–30. Sept. Di geschlossen; Café AnnaBella: Mi–Mo 9–18 Uhr, Di 13–18 Uhr.

48 Lichtelfest in Bad Gottleuba-Berggießhübel

In der Stadt Bad Gottleuba-Berggießhübel gibt es gleich zwei Kurkliniken, denn sie entstand im Zuge der Gemeindereform aus den beiden Kurort Bad Gottleuba und Berggießhübel. Für Urlauber gibt es hier also gleich doppelt so viele Möglichkeiten, schöne Ferien zu verbringen und zu entspannen. Hier ist der Weihnachtsstress nicht so schlimm wie anderswo und mit ein bisschen Glück ist der Ort sogar schneebedeckt. Und nicht nur jeweils eine eigene Kurklinik haben sich die Ortsteile bewahrt, sondern jeder Ortsteil hat auch einen eigenen Weihnachtsmarkt.

Unter dem Motto „Märchenhaftes Lichterfest" findet dieser in Berggießhübel in Verbindung mit einem Bergaufzug am zweiten Advent statt. Außerdem kann man sich hier im Besucherbergwerk „Marie Louise Stolln" in 400 Meter Tiefe begeben. Im Stollen, wo einst Eisenerz abgebaut wurde, finden neben Führungen auch Konzerte, Lesungen, Märchenstunden sowie die weihnachtlichen Mettenschichten statt.

Nebenan, in Bad Gottleuba, findet der Weihnachtsmarkt, das Lichtelfest, am dritten Advent statt. Mit Gebäck und Glühwein laden Vereine und Gewerbetreibende bei Kerzenschein zum stimmungsvollen Marktbummel ein. Im Heimatmuseum lernt man das hiesige Handwerk und die kurze Bergwerkstradition kennen. Im Gesundheitspark zeigt eine historische Sammlung medizinische Geräte, deutschlandweit die größte Sammlung ihrer Art.

Kurgesellschaft Bad Gottleuba-Berggießhübel mbH, Talstraße 2 A, 01816 Kurort Berggießhübel; Tel.: 035023 52980; badgottleuba-berggiesshuebel.de

Lichtelfest in Berggießhübel: immer am zweiten Advent.

Mettenschichten im Besucherbergwerk „Marie Louise Stolln": tgl. 11.30, 15, 19 Uhr.

Lichtelfest in Bad Gottleuba: immer am dritten Advent am Marktplatz.

MARIE.LOUISE STOLLN
Lautres Silber lautres Gold
Man allhier erschuerfen sollt
Moegen Freude bringen diese
Wie daheim: MARIE.LOUISE
GLÜCK AUF

49

Weihnachtsmarkt in Reichenbach

Wenn in Sachsen die Weihnachtsmärkte schließen, geht es in Reichenbach erst richtig los. Der Postplatz, geschmückt mit einem Tannenbaum und umrahmt von einem musikalischen Programm auf der Märchenbühne, stimmt die Besucher am vierten Adventswochenende auf Weihnachten ein. Zahlreiche liebevoll ausgestattete und weihnachtlich beleuchtete Stände erfreuen die Besucher mit gebrannten Mandeln, Glühwein und Kunsthandwerk. Die Kinder ziehen als Wichtel im Lichtlwichtl-Umzug durch die Straßen, der Weihnachtsmann hat jeden Tag Sprechstunde und ein Märchenexpress rattert durch die funkelnde Innenstadt. An vielen Gebäuden der vogtländischen Stadt leuchten Schwibbogen.

Über die Stadtgrenzen hinaus ist das Neuberin-Museum bekannt. Friederike Caroline Neuber, die volkstümliche Schauspielerin, Theaterprinzipalin und Autorin, wurde 1697 in Reichenbach geboren und verließ mit 15 Jahren das Elternhaus. Sie zog mit einer Wandergruppe übers Land, später gründete sie ein Theaterensemble. Im Museum entführen Schriftstücke, Bilder, Theatertechnik und -modelle in die Theatergeschichte des 18. Jahrhunderts.

Vier Jahre nach der Kriegszerstörung wurde das ehemalige Ball- und Konzerthaus Kaiserhof unter dem Namen Neuberinhaus wiedereröffnet und hat sich bis heute in ein modernes Veranstaltungshaus gewandelt. Seit 1996 ist das Neuberinhaus eine Einrichtung der Vogtland-Kultur. Im Weihnachtsmonat geht es da natürlich weihnachtlich zu, so stehen die Wiener Sängerknaben oder weihnachtliche Weltliteratur auf dem Spielplan.

Weihnachtsmarkt, Postplatz, 08468 Reichenbach im Vogtland.
Termin: Viertes Adventswochenende.
Neuberinhaus, Weinholdstraße 7, 08448 Reichenbach, Tel.: 03765 12188; www.neuberinhaus.de

XXL Schaschlik

50 Neunerlei-Büfett im Advent

Gänsebraten mit Klößen, Bratwurst mit Sauerkraut, Linsen, rote Rüben, Sellerie, Backpflaumen, Brot Salz, Semmelmilch – diese Speisen gehören zum Neunerlei, das im Erzgebirge traditionell an Heiligabend auf den Tisch kommt. Mittlerweile bieten aber einige Gasthöfe Neunerlei-Büfetts auch in der Adventszeit an, damit viele Leute diese schöne Tradition kennenlernen können. um sechs beginnt das üppige Essen, das regional unterschiedlich zubereitet wird, nur neun Gerichte müssen es sein. Jede Speise hat eine Bedeutung: Klöße bringen viel Geld; Erbsen und Linsen dagegen nur Kleingeld, das allerdings niemals ausgeht. Oftmals gibt es dazu einen Gänse- oder Schweinebraten, was allezeit viel Glück bedeutet. Apfelkompott weist auf eine gute Zukunft hin und Semmelmilch bewirkt, dass im neuen Jahr die Nase nicht tropft.

Das Neunerlei genießt man in Ruhe und steht während der Mahlzeit keinesfalls auf, denn Aufstehen bedeutet Unglück für die Familie. Zudem sollten auf den Tellern keine Reste bleiben. Ach, und ganz wichtig ist Sellerie, das Gemüse darf keinesfalls fehlen! Sie wissen schon, warum … Weiterhin ist es Brauch, ein Gedeck mehr auf den Tisch zu stellen. Es könnte ja ein unverhoffter Gast zu Besuch kommen.

In Klingenthal wird das Neunerlei an einigen Tagen mit einem Hutzenabend verbunden. Dann erlebt man einheimische Musikanten wie Toni und Rups von den ehemaligen Randfichten oder die singenden Hutzenbosse. Hutzen erinnert an die Hutzenabende, Bosse sind die zwei jungen Männer. Eine vorherige Anmeldung ist dringend zu empfehlen.

Und übrigens, die Erzgebirger behaupten: „Wer das Neunerlei probiert und kräftig trinkt, dem nächstes Jahr alles gut gelingt.“

Zum Neinerlaa, Markt 1, 09456 Annaberg-Buchholz; Tel.: 03733 679409; www.zum-neinerlaa.de

Öffnungszeiten: Di–Sa 11.30–21 Uhr, So 11.30–14.30 Uhr; im Dezember auch montags geöffnet.

Gasthof Walfisch, Klingenthaler Str. 48, 08267 Zwota; Tel.: 037467 22616; www.gasthof-walfisch.de

Öffnungszeiten: So–Do 11–21 Uhr; Fr–Sa 11–23 Uhr.

FR
WEIHN

OHE

Bildnachweis

Einband vorne: Shutterstock/LianeM; Klappe vorne innen: Shutterstock/Feel good studio; S. 3: Shutterstock/fotohunter; Seite 4–7 (Tannengirlande): Shutterstock/Elena_Titova; S. 8: Shutterstock/Mikhail Abramov; S. 10ff Weihnachtsdekoelemente/Hinterlegung der Tipp-Nummern: Shutterstock/Pixasquare; S. 11: Eskildsen GmbH; S. 15: Kólesko e.V.; S. 17: Jens-Michael Bierke; S. 19: Georg Gräfe Pulsnitzer Pfefferkuchen GmbH & Co. KG; S. 22/23: Shutterstock/dashtik; S. 25: Shutterstock/TheRocky41; S. 27: Rüdiger Browatzke; S. 29 o.: Von JanSuchy - selbst fotografiert mit alter Praktica BCA, Gemeinfrei, https://commons.wikimedia.org/w/index.php?curid=3405629; S. 29 u.: Shutterstock/Romrodphoto; S. 30/31: Shutterstock / beckart; S. 33: Waldeisenbahn Muskau GmbH; S. 35: Shutterstock/pureshot; S. 37: Kunst- und Kulturverein Schloss Schönfeld e.V., Katrin Kaiser; S. 39 o./u.: Shutterstock/LianeM; S. 41: Hansjörg Hertwig/Sebnitzer Schattenspiele; S. 42/43: Shutterstock/Pavel Klasek; S. 45: Landschloss Pirna-Zuschendorf; S. 47: Von Norbert Kaiser - Eigenes Werk, CC BY-SA 4.0, https://commons.wikimedia.org/w/index.php?curid=65026940; S. 49: Stracos Erlebniswelt GmbH; S. 53: Christmas Garden Deutschland; S. 54/55: Shutterstock / Kayleigh009; S. 57: Sarrasani Entertainment GmbH; S. 59: Michael Schmidt; S. 61: Jan Görner; S. 63: Shutterstock/Alexander Erdbeer; S. 64/65: Shutterstock/pureshot; S. 67 o./u.: Schutzverband Dresdner Stollen e.V., Foto: Max Bachmann; S. 68/69: Shutterstock/Mariia Golovianko; S. 71: Shutterstock/LianeM; S. 72/73: Shutterstock/Daniel Bahrmann; S. 75: Antje Beyer; S. 77: Shutterstock/Nadiia Gerbish; S. 78/79: Shutterstock/Alexander Raths; S. 81: Shutterstock/Skunk Taxi; S. 83: Shutterstock/LianeM; S. 85: Kaffeefee Sachsen; S. 87: Shutterstock/Irina Kzan; S. 89 o.: Frank Drechsel; S. 89 u.: Foto Flohrer; S. 91: Hotel „Gasthof zum Walfisch"; S. 92/93: Shutterstock/Van Reeel; S. 95 o.: Kristian Hahn, Fotoatelier Schmidt; S. 95 u.: Erzgebirgische Lichterhäuser Birgit Uhlig; S. 97: Mandy Wagner; S. 99: Shutterstock/Sirius3001; S. 100/101: Shutterstock/HT-Pix; S. 103: Nussknackermuseum Neuhausen; S. 105: Shutterstock/LianeM; S. 107: Wendt & Kühn KG; S. 109: Stadtverwaltung Augustusburg; S. 112/113: Shutterstock/Phoneutria; S. 115: Ina Meinhold, www.kloeppelmaedel.de; S. 116/117: Shutterstock/Animaflora PicsStock; S. 119: Shutterstock/Neil Canon; S. 121: Mettenschicht im Schaubergwerk „Herkules-Frisch-Glück", Fotograf: C. Wagner; S. 123: Von René Röder - René Röder, CC BY 3.0, https://commons.wikimedia.org/w/index.php?curid=9493832; S. 125: Kunstgewerbe Lenk & Sohn; S. 127: Crottendorfer Räucherkerzen GmbH; S. 129: Von Gunnar Richter (Namenlos.net) - Eigenes Werk, CC BY-SA 4.0, https://commons.wikimedia.org/w/index.php?curid=45714711; S. 130 o.: ©Carsten Steps; S. 130 u.: Neuberinhaus Reichenbach: Vogtland Philharmonie Greiz/Reichenbach; S. 132/133: Shutterstock/JoannaTkaczuk; S. 135: Ratskeller zum Neunerlaa; S. 136/137: Shutterstock/Photo-SD; S. 138: Shutterstock/A.N.Foto; S. 140/141: Shutterstock / Irina Mitin; Einband hinten: Shutterstock/Daniel Bahrmann.

Alle übrigen Bilder stammen aus der Sammlung des Autors.

Allen Bildgebern sowie der Tourismus Marketing Gesellschaft Sachsen mbH sei hiermit herzlich für die Unterstützung gedankt.

Ortsregister

Impressum

Sutton Verlag GmbH
Arnstädter Straße 8
99096 Erfurt
www.suttonverlag.de

ISBN: 978-3-96303-030-7
Gestaltung und Satz: Sutton Verlag
Druck: Florjančič Tisk d.o.o. / Slowenien

Buchhinweise

ISBN: 978-3-95400-592-5 | **9,99 €**

ISBN: 978-3-96303-065-9 | **19,99 €**

Buchhinweise

ISBN: 978-3-95400-953-4 | **19,99 €**

ISBN: 978-3-95400-966-4 | **19,99 €**